MANUAL PARA EL CATÓLICO DE HOY

Con referencias al Catecismo de la Iglesia Católica

Edición revisada

UNA PUBLICACIÓN
PASTORAL REDENTORISTA

PRÓLOGO DEL CARDENAL
FRANCIS GEORGE, O.M.I.

LIBROS LIGUORI

One Liguori Drive ▼ Liguori, MO 63057-9999

Imprimi Potest:
Richard Thibodeau, C.Ss.R.
Provincial de la Provincia de Denver
Los Redentoristas

Imprimatur:
Reverendo Joseph F. Naumann
Obispo auxiliar/vicario general, Arquidiócesis de St. Louis

ISBN 0-7648-1322-6
Librería del Congreso número de la tarjeta del catálogo: 2005920926

© 2005, Libros Liguori
Propiedad literaria © 1978, 1991, 1994, editado 2001.
Impreso en los Estados Unidos.
05 06 07 08 09 5 4 3 2

Las selecciones de los documentos del Concilio Vaticano II son de *Biblioteca de Autores Cristianos*, de la editorial católica, S.A. Medrid, 1975.

Las selecciones del Catecismo son de la traducción al Español del *Catecismo de la Iglesia Católica* por EE.UU © 1992, United States Catholic Conference, Inc. –Libreria Editrice Vaticana.

Las selecciones de las Escrituras citadas en esta obra han sido tomadas de la Biblia Latinoamérica, propiedad literaria © 1972, Ediciones Paulinas, Madrid, España. Todos los derechos reservados.

Para pedidos, llame al 1-800-325-9521
www.liguori.org

INDICE

SEGUNDA SECCIÓN: PRÁCTICAS

TERCERA SECCIÓN: ORACIONES

CUARTA SECCIÓN: VIVIR LA FE EN EL ESPÍRITU DEL CONCILIO VATICANO II

Prólogo

La intención de este manual es ayudarnos a crecer en la fe y en el amor. Ser cristiano es adoptar y vivir aquella verdad revelada por Dios en Jesucristo. La tradición de la Iglesia y las Escrituras, por medio del Magisterio que la Iglesia recibió de Cristo, han transmitido esa verdad. El Papa Juan Pablo II pide una nueva evangelización debido a la pérdida silenciosa de fe en gran parte del cristianismo. Frecuentemente la fe se reemplaza por una tolerancia que hace de la verdad algo relativo.

Nadie puede ser católico en sus propios términos: ni el Papa, ni los obispos, ni los sacerdotes, ni los religiosos ni los laicos. Es necesario aceptar en su totalidad el cuerpo de creencias, que la Iglesia, el Cuerpo de Cristo, sostiene como verdaderas. Ya sea uno miembro de la compañía de creyentes o algún teólogo o maestro de la fe apostólica, todos estamos sujetos a las normas de fe de la Iglesia. No es suficiente que un individuo lea la Biblia, aunque esto sea laudable, para poder comprender el significado de los textos inspirados. Es necesario hacerlo a la luz de la fe de la Iglesia. Hay aspectos que las personas sólo pueden comprender gracias a que la Tradición de la Iglesia los hace inteligibles.

Este manual contiene una selección de oraciones. No podemos conocer a Cristo, ni tampoco vivir la fe de la Iglesia sin la oración, que une nuestros corazones con Dios. Es indispensable aceptar las verdades de la fe, pero las mismas deben convertirse en una unión personal a Dios en Cristo por el poder del Espíritu Santo. Tenemos que interiorizar la verdad objetiva de la fe hasta que se convierta en la base de nuestra relación personal con Jesucristo, la que formará y cambiará nuestra propia vida. Debemos vivir ya, desde el aquí y el ahora, por el conocimiento que algún día será la visión de Dios en el cielo.

Este pequeño manual se les presenta a los católicos como un reto para que estén alertas a las dificultades que experimentan hoy día con la fe. Busca ser un apoyo para vivir la fe. Es una invitación a que nos mantengamos apegados a la enseñanza de la Iglesia con el fin de acercarnos a Dios. La fuente más cercana de la enseñanza que se plantea aquí es el Catecismo de la Iglesia Católica, el cual es "una nueva exposición, hecha con autoridad, de la única y perenne fe apostólica"

El Catecismo es "una norma segura para la enseñanza de la fe" y permanece como texto base, un texto simple y útil, como lo es este manual, que sólo trata de dar acceso a algunas de las enseñanzas del Catecismo, sin pretender ser una exposición completa, o querer cubrir todas las preguntas importantes de manera extensa. Puede, sin embargo, servir para conducir al lector al Catecismo de la Iglesia Católica. Ojalá que el lector haga buen uso de él y crezca en la fe y en el amor.

Cardenal Francis George, O.M.I.
Arzobispo de Chicago

INTRODUCCIÓN

Vivimos en un nuevo siglo. Vivimos en un lugar donde podemos explorar los planetas que nos rodean y hablar acerca de la posibilidad de vivir en la luna. Esto es muy diferente al comienzo del siglo veinte. Ese fue un siglo de sueños, planes y promesas. Algunas veces los sueños alcanzaron un éxito insospechado. Durante la mayoría del siglo veinte la Iglesia católica permaneció como lo que parecía ser, una realidad inmutable que nos ayudó a mantener nuestro equilibrio.

La Iglesia del tercer milenio es a la vez diferente y similar a la del siglo veinte. Durante la segunda mitad del siglo, el Concilio Vaticano II lanzó a la Iglesia por un camino de renovación. En medio de esa renovación, examinamos las verdades inalterables que creemos y los métodos en desarrollo con los que expresamos esas creencias.

El propósito de este manual es tomar algunas de las doctrinas básicas de la Iglesia católica y explicarlas para la generación contemporánea. Aquí encontrarán las verdades inalterables que Dios ha revelado y que examinamos a través de la cultura moderna. Este manual no contiene ninguna nueva enseñanza. No hay explicaciones ambiguas, pero sí hay explicaciones, en un lenguaje moderno y con la erudición contemporánea, de las verdades desde el Génesis hasta el Apocalipsis. Estas explicaciones son fieles al gran Concilio Vaticano II.

También encontrarán en estas páginas algunas de las oraciones y prácticas de la Iglesia católica. Algunas de estas cosas pueden cambiar con el tiempo. Cada época y cultura encuentra modos apropiados de celebrar la Misa, de orar y de honrar a los santos. Lo esencial, sin embargo, no cambia.

Uno de los grandes proyectos de la Iglesia en el siglo pasado fue la preparación y publicación de un Catecismo de la Iglesia católica universal. Esta edición del manual contiene índices del catecismo. Los números que se encuentran entre corchetes "[ ]" se refieren a artículos específicos en el Catecismo. También encontrarán referencias a documentos del Vaticano II citados donde corresponde.

Primera Sección: Creencias. Esta sección se basa en el Credo de Nicea, que es el resumen de nuestras creencias como católicos para explicar la revelación que Jesús nos da. En esta parte del manual encontramos las enseñanzas acerca de Jesús, la Santísima Trinidad, la Iglesia, los sacramentos y otros dogmas básicos que los católicos creen y por los cuales viven.

Segunda Sección: Las prácticas. Aquí encontrarás la enseñanza moral fundamental de la Iglesia. La moralidad es la manera como nos comportamos, como actuamos en este mundo. La base de la enseñanza moral son los diez mandamientos, pero los preceptos de la Iglesia también se mencionan aquí. También hay algunos puntos prácticos acerca de los sacramentos, los días festivos, y otros elementos de las prácticas católicas.

Tercera Sección: Oraciones*.* Orar es comunicarse con Dios. Oramos individualmente y también como Iglesia universal en nuestra liturgia. En la Tercera Sección presentamos algunas oraciones que son parte de la tradición católica.

Cuarta Sección: Vivir la fe en el Espíritu del Vaticano II. Esta sección ha sido ampliada y explica cómo el Concilio Vaticano II continúa influyendo las creencias y prácticas católicas. La Iglesia post Vaticano II les ha ofrecido más oportunidades a los laicos para participar en la Iglesia. El Vaticano II también enfatizó la importancia de la liturgia en la vida de la Iglesia e hizo un llamado a renovar nuestro entendimiento de las Escrituras, de los sacramentos, de nuestra responsabilidad social, de la formación de la fe y de la evangelización. Esta sección aborda también el Rito de Iniciación Cristiana para Adultos, renovado y ampliado después del Concilio Vaticano II.

Creencias

1. Tú en busca de Dios, Dios en busca de ti

El hombre es por naturaleza y por vocación un ser religioso. Viniendo de Dios y yendo hacia Dios, el hombre no vive una vida plenamente humana si no vive libremente su vínculo con Dios.

Catecismo de la Iglesia Católica, 44

Tú: un ser humano que busca a Dios
[1, 1701-1715]

Como ser humano tienes la facultad de cuestionar y de tomar decisiones. Piensas en muchas cosas y de ahí es que surgen tus preguntas. También decides qué hacer y cómo actuar y ésas son las decisiones que tomas. Estos dos hechos revelan que tienes *un libre albedrío* que te posibilita escoger, y *un intelecto* que cuestiona [1-3].

> *Esa realidad última que buscas…es Dios.*

Todo cambia con el paso del tiempo. Tu apariencia y la manera como ves la vida cambiarán. Pero en el fondo, tú no cambias. Constantemente estás tratando de encontrar aquello para lo cual fuiste creado. Este centro espiritual de tu ser ha sido llamado con distintos nombres. Algunos de estos son alma, espíritu o corazón. (27,44-47)

Esa realidad última que buscas —que está presente en todo lo que pretendes alcanzar— también ha sido llamada de muchas formas. El nombre más común que se le da a esta realidad última es Dios [43]. Tal es tu vínculo con Dios que sin él no podrías vivir, moverte o existir. Tal es tu vínculo con Dios que si no sintieras su presencia de algún modo, decidirías que la vida no tiene sentido y cesarías en tu búsqueda [1701-1715, 1718].

Dios: El amante divino que te encontró
[50-53, 142, 1719]

Mientras buscas a Dios, Dios te busca a ti. La Constitución sobre la *Divina Revelación* del Vaticano II lo expresa así: "En esta revelación Dios invisible, movido de amor, habla a los hombres como amigos, trata con ellos para invitarlos y recibirlos en su compañía" (Revelación, 2) [1719].

Como católicos somos llamados a buscar y a encontrar a Cristo. Pero tú no comenzaste esta búsqueda por tu propia iniciativa. Fue por iniciativa de Dios. Todos los que siguen a Cristo ahora estuvieron perdidos alguna vez pero fueron buscados y hallados. Dios te encontró, y te hizo suyo visiblemente por primera vez en el bautismo. Lo que él busca ahora es que tú lo busques a él. De un modo misterioso, toda tu vida con Dios es una búsqueda mutua y constante entre dos seres que se aman —Dios y tú— que ya se poseen mutuamente [50-53, 521].

2. Revelación, fe, doctrina y duda

"Por medio de la revelación Dios quiso manifestarse a Sí mismo y sus planes de salvar al hombre".

Constitución Dogmática sobre la Divina Revelación (Dei Verbum), 6

Revelación y fe

[50-64]

Al revelarse, Dios no ha comunicado mera información, sino que se ha comunicado a *sí mismo* [36-38, 51-53].

La fe es tu respuesta personal a esa comunicación de Dios y de su voluntad. "Por la fe el hombre se entrega entera y totalmente a Dios, le ofrece 'el homenaje total de su entendimiento y voluntad', asintiendo libremente a lo que Dios revela" (Revelación, 5) [36-38,51-53, 142, 143, 153-164, 1814-1816].

La Doctrina católica

[84-100]

Las doctrinas básicas, o dogmas, de la Iglesia son la expresión verbal de lo que Dios nos ha revelado sobre nuestra relación con él. La característica principal de los dogmas de la Iglesia es que concuerdan con las Escrituras. Estas enseñanzas declaran el contenido inmutable de la revelación, traduciéndolo a los idiomas y modos de pensar de la gente en cada era y cada cultura. Un dogma es una declaración de la verdad, una formulación de algún aspecto de la fe. El propósito de cada dogma es el de hacer presente a Cristo desde un punto de vista particular. El dogma de la Iglesia es una interpretación fiel de la comunicación de Dios de sí mismo a la humanidad [88-100, 170-171].

Fe y duda

Las fórmulas dogmáticas de la Iglesia, sin embargo, no son lo mismo que la comunicación de Dios de sí mismo, sino que son el medio por el cual los católicos ponen su fe en Dios y la transmiten a otros. Dios descubre y comunica el misterio de sí mismo por medio de las enseñanzas de la Iglesia. Las enseñanzas son como sacramentos por los cuales tú recibes a Dios. Por medio de las fórmulas doctrinales tú encuentras a Dios en tu acto personal de fe [88-90,170].

> *La característica principal de los dogmas de la Iglesia es que concuerdan con las Escrituras.*

La vida de fe es muy personal y delicada, y en resumidas cuentas, un misterio. La fe es un don de Dios. Una persona puede carecer de fe por responsabilidad propia porque somos libres aun para rechazar a Dios. Pero cuando alguien duda, no debemos apresurarnos a juzgarle. Por ejemplo, algunas personas no pueden creer que Dios sea un padre amoroso porque llevan a cuestas recuerdos dolorosos de su propio padre. Esto no es falta de fe. Carecen de un contexto que les permita apreciar a Dios como Padre. Los recuerdos negativos pueden ser un obstáculo para comprender la revelación de Dios en una forma determinada. Pero tales recuerdos no pueden borrar todas las maneras como las personas perciben y expresan el misterio de Dios. Dios nos busca hasta que lo encontramos [153-215].

Una persona que busca una visión más profunda de la realidad puede dudar a veces, aun de Dios mismo. Pero tales dudas no indican necesariamente una falta de fe. Pueden indicar todo lo contrario: un signo de fe en crecimiento. La fe es viva y dinámica. A través de la gracia busca penetrar el misterio de Dios. La fe es un don de vida que se tiene que nutrir por la palabra de Dios. Aun cuando sintamos que queremos rechazar una doctrina en particular, debemos seguir buscando la verdad revelada por esa doctrina. Cuando dudes, "Busca y hallarás". La persona que busca a través de la lectura, del diálogo, del pensamiento o de la oración, eventualmente verá la luz. La persona que habla con Dios aun cuando Dios "parece estar ausente" posee una fe viva [162].

3. Un solo Dios, tres personas divinas

[232-267]

El Padre es Dios, el Hijo es Dios y el Espíritu Santo es Dios, y sin embargo no hay tres dioses sino uno solo.

CREDO DE SAN ATANASIO

La Iglesia católica enseña que el misterio inefable que llamamos Dios se ha revelado a sí mismo a la humanidad como un dios trino: el Padre, el Hijo y el Espíritu Santo [238-248].

Tres personas, un solo Dios

[249-267]

El misterio de la Trinidad es la doctrina central de la fe católica. Todas las demás enseñanzas de la Iglesia se basan en ella. El Nuevo Testamento menciona con frecuencia al Padre,

> *El misterio de la Trinidad es la doctrina central de la fe católica.*

al Hijo y al Espíritu Santo. La lectura detallada de estos pasajes bíblicos nos conduce a la indudable conclusión de que cada una de estas personas posee cualidades que sólo Dios puede poseer. Pero si sólo hay un Dios, ¿cómo puede esto ser verdad [199-202]?

La Iglesia estudió este misterio cuidadosamente y, después de cuatro siglos de aclaración, decidió expresar la doctrina de este modo: en un solo Dios hay tres personas, el Padre, el Hijo y el Espíritu Santo, realmente distintas entre sí [249-256].

Creador, Salvador, Santificador

[257-260]

Las tres personas divinas producen en común todos los efectos de la acción de Dios sobre sus criaturas. Pero ya que ciertos efectos de la acción divina en la creación nos recuerdan más a una divina persona que a otra, la Iglesia le atribuye efectos particulares a una u otra de las divinas personas. Por eso, hablamos del Padre como el Creador de todo lo que existe; del Hijo, el Verbo de Dios, nuestro Salvador o Redentor; y del Espíritu Santo —el amor de Dios derramado en nuestros corazones— como nuestro Santificador [234-237].

Creer que Dios es Padre es creer que tú eres hijo o hija; que Dios tu Padre te acepta y te ama; que Dios tu Padre te ha creado como un ser humano digno de amor [238-240].

Creer que Dios es el Verbo salvador es creer que tú le escuchas; que tu respuesta al Verbo de Dios es ser receptivo a su evangelio liberador, que te libera para poder escoger la unión con Dios y la hermandad con tu prójimo [2716, 2724].

Creer que Dios es Espíritu es creer que tú debes vivir una vida santa y sobrenatural en este mundo, que es un compartir en la naturaleza de Dios: una vida que es el principio de la vida eterna [1691,1703,1704].

4. Dios, Padre de Jesús
[198-267]

La Encarnación del hijo de Dios revela que Dios es el Padre eterno...El hijo es consubstancial al Padre, es decir, que es en él y con él el mismo y único Dios.

CATECISMO DE LA IGLESIA CATÓLICA, 262

El libro del Exodo presenta una de las revelaciones más profundas en la historia humana. Esta revelación se narra en la llamada de Dios a Moisés a ser el líder de su pueblo. Hablando de una "zarza ardiente que no se consumía" Dios clamó: "¡Moisés, Moisés!" Entonces, Dios le pidió a Moisés que organizara a los israelitas y que persuadiera a Faraón para que le permitiera guiar a ese pueblo fuera de Egipto. Al oír el plan, Moisés se atemorizó. El diálogo dice así [204, 210, 211]:

Moisés contestó a Dios: "Si voy a los hijos de Israel y les digo que el Dios de sus padres me envía a ellos, si me preguntan: ¿Cuál es su nombre?, yo ¿qué les voy a responder?"
Dios dijo a Moisés: "YO SOY EL QUE SOY". "Así dirás al pueblo de Israel: YO-SOY me ha enviado a ustedes. (446-2575)

Y Dios también le dijo a Moisés: "YAVE, el Dios de sus padres, el Dios de Abraham, el Dios de Isaac y el Dios de Jacob, me ha enviado".

(ÉXODO 3,13-15)

En este diálogo (y en otros similares, lee Jueces 3,18 y Génesis 32,30) Dios no se asigna un "nombre". De hecho, Dios dice que él no es como ninguno de los dioses que la gente adora. El se esconde para revelar la distancia infinita que hay entre él y todo lo que nosotros los seres humanos tratamos de saber y controlar [205-209].

Pero al decirle a Moisés que dijera: "YO SOY me ha enviado a ustedes", Dios también reveló algo muy personal. El Dios que "es", más allá de la realidad que va y viene, está conectado, unido a nosotros y a nuestro mundo. Por el contrario, este Dios que "es" revela que *está contigo*. No revela lo que él es en sí mismo, pero sí revela quien él es para ti. En este momento clave presentado en el Éxodo (y desarrollado con mayor profundidad en el Libro de Isaías, capítulos 40-45), Dios reveló que él es tu Dios, el "Dios de tus padres": el misterio impenetrable que está contigo por toda la eternidad, contigo más allá del poder de la muerte y el mal [214-221, 2810].

El Dios que se revela a sí mismo en el Antiguo Testamento tiene dos características principales. La primera y más importante es la revelación de que él está muy cerca de ti, que él es tu Dios. La segunda es que el Dios que libremente eligió esta relación contigo existe más allá del tiempo y del espacio. YO SOY no está atado a nada, pero une todo a sí mismo: "Yo soy el primero y el último; no hay otro dios fuera de mí" (Isaías 44,6) [198, 212].

Siglos después de la revelación reflejada en el libro del Éxodo y en el de Isaías, el Dios misterioso de la zarza ardiente reveló su Nombre, en Persona. El Verbo de Dios "se hizo carne, y habitó entre nosotros" (Juan 1,14) [65-73], quebrantando toda suposición y expectativa humana. En una revelación que ciega nuestra mente con su luz, Cristo le habló a YO SOY y le dijo: "Que todos sean uno como Tú, Padre, estás en Mí, y Yo en Ti. Yo les he enseñado tu Nombre y seguiré enseñándolo; y así el amor con que me amaste estará con ellos, y yo también estaré en ellos" (Juan 17,21.26) [260, 422-425, 820, 2750].

YO SOY revela su Nombre en su Hijo. La zarza ardiente te atrae hacia su luz. El Dios de Moisés, revelado en Jesús, es amor, es Padre y está en ti [211, 218-221, 587-591].

5. Jesucristo

[422-682]

Nosotros creemos y confesamos que Jesús de Nazaret... es el Hijo eterno de Dios hecho hombre.

CATECISMO DE LA IGLESIA CATÓLICA, 423

Jesús, Dios y Hombre
[464-469]

La segunda persona de la Santísima Trinidad se hizo hombre en Cristo Jesús. Su madre era María de Nazaret, hija de Joaquín y Ana. José, el esposo de María, fue como un padre para Jesús. El verdadero y único Padre de Jesús es Dios; Jesús no tuvo padre humano [525, 526].

Concebido en el vientre de María por obra del Espíritu

Santo, Jesús nació en Belén de Judá, probablemente entre los años del 6 al 4 a.C. [484, 487]. Murió en el Calvario (en las afueras del antiguo Jerusalén) siendo aún joven, probablemente en los primeros años de su treintena [595-623].

El es una sola persona, pero posee tanto la naturaleza divina como la naturaleza humana. El es verdadero Dios y verdadero hombre. Por ser Dios, tiene todas las cualidades y atributos de Dios. Por ser humano, tiene cuerpo humano, alma humana, mente y voluntad humanas, imaginación y sentimientos humanos. Su divinidad no interfiere con su humanidad y viceversa. [464-478].

Murió realmente en el Calvario; experimentó la misma clase de muerte que sufren los humanos. Pero durante su muerte, en su muerte y después de su muerte, siguió siendo Dios [595-623].

Después de su muerte, Jesús "descendió a los muertos". La traducción anterior del Credo decía "descendió a los infiernos", que quiere decir lo mismo: el Hades, el bajo mundo, la región de los muertos, la condición de aquellos que han fallecido.(Esto queda claro cuando se consultan las siguientes referencias del Nuevo Testamento: 1 Pedro 3,19ss, 4,6; Efesios 4,9; Romanos 10,7; Mateo 12,40; Hechos 2,27.31) Básicamente, "descendió a los muertos" significa que Jesús verdaderamente murió, y estuvo entre los muertos como su Salvador. El Sábado de Gloria expresa litúrgicamente este aspecto del misterio de la salvación: la "muerte" o ausencia de Dios [631-637].

La oración de Cristo en su agonía —"Dios mío, Dios mío, ¿por qué me has abandonado?" (Marcos 15,34)— se escucha en la vida de muchos cristianos. "Descendió a los muertos" expresa el grito agonizante de Cristo: la experiencia de agarrarse a su Padre en ese momento de angustia absoluta. También expresa lo que sienten muchos católicos a medida que Dios les ayuda a profundizar en su amor, y se dan cuenta que la vida es un infierno si perdemos la presencia de Dios [618].

Jesús resucitó de entre los muertos el Domingo de Pascua. Vive hoy con su Padre y el Espíritu, y vive entre nosotros. Sigue siendo tanto Dios como hombre, y así será para siempre [638-658].

El vive. Y su paso de la muerte a la vida es el misterio de salvación que todos podemos compartir [655, 658].

Cristo: la revelación y el sacramento de Dios
[65-67]

Por su predicación, y por su muerte y resurrección, Jesús es al mismo tiempo quien revela y *la revelación de Dios*. Lo que el Padre es se muestra en su Hijo, Jesús. Como revelación de Dios, Jesús es tanto el acercamiento de Dios a la humanidad como nuestro camino a Dios [73, 422-425].

Jesús es la prueba máxima de la salvación de Dios en el mundo— es eje y mediador del encuentro entre Dios y tú. Por eso le llamamos *el sacramento original*. La gracia que Dios te da es él mismo. Y por esta comunicación de sí mismo, tú recibes la comunicación total de Dios. Jesús es la presencia salvadora de Dios en el mundo [519, 520, 1113-1116].

> *Jesús es la prueba máxima— es eje y mediador del encuentro entre Dios y tú.*

Cristo, el centro de tu vida

[426-429]

Hoy Jesús llega a ti y ejerce su influencia activamente en tu vida de varias formas. Llega a ti por su palabra: cuando escuchas la predicación de la palabra de Dios, o cuando lees las Escrituras atenta y reverentemente [101-104]. También vive activamente en ti en los siete sacramentos, especialmente en la Eucaristía [1373]. También lo encuentras en los demás. Como vemos en la escena del juicio final en el Evangelio de San Mateo, "Entonces los justos le responderán: 'Señor, ¿cuándo te vimos hambriento, y te dimos de comer; sediento y te dimos de beber?' El Rey responderá: 'En verdad les digo que, cuando lo hicieron con alguno de estos más pequeños, que son mis hermanos, lo hicieron conmigo'" (Mateo 25,37-40) [678, 1503, 1939, 2449].

La Iglesia católica cree que Jesús de Nazaret es el centro de nuestras vidas y nuestro destino. En el documento *La Iglesia en el mundo actual*, el Vaticano II afirma que Jesús es "la clave, el centro y el fin de toda la historia humana" (La Iglesia en el mundo actual, 10). Como San Pablo, la Iglesia cree que "en él todas las promesas de Dios han pasado a ser un sí" (2 Corintios 1,20) [65-73, 426, 429].

6. El Espíritu Santo

[683-747]

Aquél que el Padre ha enviado a nuestros corazones, el Espíritu de su Hijo, es realmente Dios.

CATECISMO DE LA IGLESIA CATÓLICA, 689

El Espíritu que habita en nosotros

Existe una manera universal por la cual Dios está presente en toda su creación. San Pablo se refiere a esta presencia abarcadora de Dios cuando cita al poeta griego que dijo: "En él vivimos, nos movemos y existimos" (Hechos 17,28) [28-300].

Pero hay otra presencia de Dios, totalmente personal, en aquellos que lo aman. Jesús la menciona en el Evangelio de San Juan cuando dice: "Si alguien me ama, guardará mis palabras, y mi Padre lo amará y vendremos a él para hacer nuestra morada en él" (Juan 14,23) [260].

Esta presencia especial de la Trinidad se atribuye al Espíritu Santo, pues como dice san Pablo: "el amor de Dios ya fue derramado en nuestros corazones por el Espíritu Santo que se nos dio" (Romanos 5,5). Esta presencia del Espíritu, el don de amor de Dios en ti, se llama morada divina [733].

Los dones del Espíritu
[1830-1832]

El Espíritu no sólo está presente en ti de manera íntima, sino que también obra silenciosa y activamente para transformarte. Si respondes al Espíritu, sus dones se convierten en una experiencia real en tu vida.

Los siete dones del espíritu Santo son cualidades sobrenaturales permanentes que capacitan a quien vive en gracia a estar en sintonía con las inspiraciones del Espíritu Santo. Estos dones conducen a la santidad. Estos son: **la sabiduría** (que ayuda a valorizar las cosas del Cielo), **el entendimiento** (que ayuda a captar las verdades religiosas), **el consejo** (que ayuda a ver y a escoger correctamente el mejor modo de servir a Dios), **la fortaleza** (que da fuerza para vencer los obstáculos a una fe viva), **la piedad** (que da confianza en Dios y un deseo de servirle), **la ciencia** (que ayuda a ver el sendero a seguir y lo que amenaza nuestra fe) y **el temor del Señor** (que ayuda a reconocer la soberanía de Dios y el respeto que le debemos a él y a sus mandamientos) [180, 1831, 1845].

La segunda clase de dones del Espíritu se llaman carismas. Son favores extraordinarios que se dan especialmente para ayudar a los demás. En la primera carta a los Corintios 12,6-11, se mencionan nueve carismas. Son: **el don de la palabra de sabiduría, la palabra de ciencia, la fe, el carisma de curación, el poder de obrar milagros, la profecía, el discernimiento de espíritus, la diversidad de lenguas** y **el don de interpretarlas** [688, 799-801, 809].

Otros pasajes en San Pablo (como 1 Corintios 12,28-31 y Romanos 12,6-8) mencionan otros carismas [736, 1508, 2004].

7. La gracia y las virtudes teologales
[1996-2005, 1812-1829]

La gracia es el auxilio que Dios nos da para responder a nuestra vocación…

CATECISMO DE LA IGLESIA CATÓLICA, 2021

La gracia: la vida de Dios en ti
[1996-2005]

Probablemente conoces la diferencia entre la gracia habitual (el estado de gracia santificante) y la gracia actual (la ayuda divina para realizar obras). Estos son dos aspectos de la vida que vives cuando posees la gracia: El Espíritu de Dios que ha sido "derramado en nuestros corazones" (Romanos 5,5) [368, 733].

Básicamente, la gracia es la presencia del Espíritu vivo y dinámico de Dios en ti. Como resultado de esta presencia vives una vida interior nueva y abundante que te lleva a "participar de la naturaleza divina" (2 Pedro 1,4), que te hace hijo de Dios, hermano de Cristo y coheredero con Jesús, "el primogénito de muchos hermanos" (Romanos, capítulo 8) [357].

La presencia del Espíritu te ayuda a vivir y a responder a Dios de un modo totalmente nuevo. Vives una vida en gracia que es buena, que agrada a Dios. Bajo la influencia del Espíritu vives una vida de amor que edifica el Cuerpo de Cristo, que es la Iglesia. Al vivir en el Espíritu con el resto de la Iglesia, vives con los demás para crear un espíritu de amor y comunión donde quiera que estés [1721, 1810].

La gracia —la vida de Dios en ti— transforma el sentido y la dirección de tu vida [1722, 1810]. Por la gracia, declara San Pablo: "Cristo es mi vida, y de la misma muerte saco provecho" (Filipenses 1,21) [1010, 1698]. En resumidas cuentas, la gracia —el don gratuito de Dios para ti— es la vida eterna, una vida que ya ha comenzado. Ya, aun cuando todavía eres peregrino en la tierra, la gracia es "¡Ustedes tienen a Cristo y esperan la Gloria" (Colosenses 1,27) [772].

> *La gracia —la vida de Dios en ti— transforma el sentido y la dirección de tu vida.*

La fe, la esperanza y la caridad

[1812-1829]

Como ser humano eres capaz de creer, amar y confiar en los demás. A través de las virtudes teologales (la fe, la esperanza y la caridad) la gracia de Dios opera en ti de manera que en todas tus relaciones se refleje que eres un hijo o una hija de Dios [1810].

En estado de gracia posees *la fe*: crees en Dios, dándole todo tu ser a la fuente de toda verdad y realidad en tu propio ser. Posees *la esperanza*: hallas tu significado y tu futuro en Dios, cuya promesa de vida eterna se cumple ahora ocultamente porque vives en gracia. Posees *la caridad*: amas a Dios como el Todo personal de tu vida y a todas las personas como coherederas del destino que Dios depara a todos: la comunión eterna con él [2086-2094].

Si la gente se separa de Dios por haber pecado seriamente, pierden la gracia y la virtud de la caridad. Pero esta pérdida no les quita su fe o esperanza a menos que hayan pecado directa y seriamente en contra de estas virtudes.

Amor a Dios, a sí mismo, a los demás
[2083]

En esta vida, tu amor a Dios va unido al amor a los demás, y esas dos clases de amor van unidas al amor propio. No amas al Dios que no puedes ver, si no amas a tu prójimo, a quien puedes ver (1 Juan 4,20) [2840]. Y en virtud del mandamiento de Dios mismo, debes amar a tu prójimo como a ti mismo (Mateo 19,19;22,39) [2052]. En términos de la vida real, el cumplimiento del mandamiento divino de amar comienza por un amor a sí mismo. Para amar a Dios como él desea, debes respetarte, estimarte y apreciarte a ti mismo [2055].

El amor propio crece cuando nos damos cuenta profunda y gradualmente de que Dios verdaderamente nos ama con un amor sin límites. Eres amado y eres digno de ser amado. Cuando tratas de adquirir y profundizar esta actitud propia cooperas con la gracia de Dios [2196].

.Tu amor propio también aumenta cuando tratas de comprender más profundamente a los demás. Tú los escuchas, confías en ellos y los amas. Dejas que te amen al perdonar y (lo que es más difícil todavía) al perdonarte a ti mismo cuando tu compasión aumenta para abarcar a todas las criaturas vivientes y a la naturaleza entera en su belleza [2842-2845].

San Juan escribe sobre la importancia del amor: "Queridos míos, amémonos los unos a los otros, porque el amor viene de Dios. Todo el que ama ha nacido de Dios y conoce a Dios. El que no ama, no ha conocido a Dios, pues Dios es amor" (1 Juan 4,7-8). El amor se aprende amando. Amando llegas a conocer a Dios [1, 214, 221, 773, 1828].

8. La Iglesia católica

[748-870]

El Padre Eterno, por una disposición libérrima estableció convocar a quienes creen en Cristo en la santa Iglesia.

CONSTITUCIÓN DOGMÁTICA DE LA IGLESIA, 2

La Iglesia: fundada por Jesucristo

[763-766]

La vida entera de Jesús, el Verbo hecho carne, es el fundamento de la Iglesia [514-521].

Jesús llamó a varios discípulos que se entregaron totalmente a él. Orando primero, Jesús entonces escogió a los

Doce, su círculo predilecto. El se dio a conocer personalmente a los Doce y les habló de su futura pasión y muerte, instruyéndolos detalladamente sobre lo que significa ser su seguidor. Sólo los Doce celebraron la Ultima Cena con él [1340].

A los Doce se les llama *apóstoles*— es decir, emisarios cuya misión era ser los representantes personales de Jesús. A estos apóstoles les dio todo el poder de autoridad que había recibido del Padre. "Yo les digo: todo lo que aten en la tierra, el Cielo lo tendrá por atado, y todo lo que desaten en la tierra, el Cielo lo tendrá por desatado" (Mateo 18,18) [2, 75-77, 126].

La Ultima Cena fue la cumbre de la preparación de Jesús para la Iglesia. En esa cena tomó pan y vino y dijo: "Tomen y coman, esto es mi Cuerpo; tomen y beban, ésta es mi Sangre". Con estas palabras él se entregó a sí mismo. Al recibirlo de este modo, los Doce entraron en una unión con él y entre ellos mismos, tan totalmente íntima, que nunca antes la habían logrado. En esa cena se convirtieron en *un solo cuerpo en Jesús*. La Iglesia naciente entendió muy bien la profundidad de esa comunión, como nos muestra el primer documento sobre la Eucaristía en el Nuevo Testamento: "Como uno es el pan, todos pasamos a ser un solo cuerpo, participando todos del único pan" (1 Corintios 10,17) [610, 1396].

En la Cena, Jesús también habló del sacrificio de la "nueva alianza". Dios estaba estableciendo una nueva relación con la humanidad, una alianza sellada con el sacrificio de la sangre de Cristo. Esta nueva relación se iba a regir por una nueva ley: el mandamiento del amor [1339].

El primer relato sobre la Eucaristía, en la primera carta a los Corintios, revela lo que la Ultima Cena significaría para el futuro de la Iglesia. Jesús dice: "Hagan esto en memoria mía" (1 Corintios 11,24). Jesús previó que su presencia no sería visible para sus discípulos por mucho tiempo. El quería que la Iglesia repitiera esta Cena una y otra vez durante ese tiempo. En este memorial, él estaría íntimamente presente, el Señor resucitado dirigiendo a su pueblo hacia ese futuro cuando él haría todo nuevo, el día en que habría "un Cielo nuevo y una tierra nueva" (Apocalipsis 21,5) [1044, 1323, 1341-1344].

La Ultima Cena fue el último paso que Jesús dio antes de su muerte para preparar a los Doce. Esta celebración reveló que ellos, y sus sucesores por todos los siglos, habrían de desempeñar su misión de enseñar, santificar y gobernar.

De acuerdo a los evangelios (Mateo 16,13-19; Lucas 22,31ss; Juan 21,15-17), la responsabilidad que se les dio a los apóstoles se le dio a San Pedro de una manera especial. En el Evangelio de Matco, Jesús dice: "Tú eres Pedro, o sea *Piedra*, y sobre esta piedra edificaré mi Iglesia y las fuerzas del Infierno no la podrán vencer" (16,18). Pedro será el representante visible de Jesús, quien es el fundamento de la Iglesia. Pedro le dará a la Iglesia un liderazgo inquebrantable contra las fuerzas que pudieran destruir lo que Jesús le da a su pueblo [552, 553, 567].

Cristo completó la fundación de la Iglesia al enviar al Espíritu Santo. El verdadero nacimiento de la Iglesia fue el día de Pentecostés. La venida del Espíritu Santo tuvo lugar públicamente, tal como la crucifixión de Jesús fue a la vista de todos. Desde ese día la Iglesia ha mostrado ser una realidad divina y humana: una combinación de la obra del Espíritu y el esfuerzo humano de la gente por cooperar con el don de su presencia y con el Evangelio de Cristo [731, 732, 767, 768].

> *La Ultima Cena fue la cumbre de la preparación de Jesús para la Iglesia.*

La Iglesia como Cuerpo de Cristo

[787-796]

La imagen de la Iglesia como Cuerpo de Cristo se halla en los escritos de San Pablo en el Nuevo Testamento. En el capítulo 10 de la primera carta a los Corintios, Pablo dice que nuestra comunión con Cristo procede del cáliz de bendición que nos une en su sangre y del pan que partimos, que nos une en su Cuerpo. Porque el pan es uno, todos nosotros, aun siendo muchos, somos un solo cuerpo. El Cuerpo eucarístico de Cristo y de la Iglesia son, juntos, el Cuerpo (místico) de Cristo [805-807].

En el capítulo 12 de la primera carta a los Corintios (y en el capítulo 12 de Romanos) Pablo enfatiza el cuidado y dependencia mutua que gozamos como miembros de un mismo cuerpo. En la carta a los Efesios y a los Colosenses, el énfasis se pone en Cristo como nuestra cabeza. Dios nos dio a Cristo como cabeza de la Iglesia. Mediante Cristo, Dios descubre su plan, "el misterio escondido de antemano", de unir todas las cosas y reconciliarnos con él. Ya que este misterio se va descubriendo por medio de la Iglesia, Efesios llama a la Iglesia el misterio de Cristo [669, 770-776].

La Iglesia como sacramento de Cristo

[774-776, 780]

El Papa Juan Pablo II ha expresado la misma verdad con estas palabras: "La Iglesia se propone alcanzar este fin: que todas las personas puedan encontrar a Cristo [751-757].

Cristo es sacramento de Dios, y así mismo la Iglesia es tu

sacramento, tu signo visible de Cristo. Pero la Iglesia no es sacramento sólo para sus miembros. En la Constitución sobre la Iglesia, el Concilio Vaticano II dice con claridad que: "Y porque la Iglesia es en Cristo como un sacramento, o sea signo e instrumento de la unión íntima con Dios y de la unidad de todo el género humano, ella se propone presentar a sus fieles y a todo el mundo con mayor precisión su naturaleza y su misión universal..." (*Constitución dogmática sobre la Iglesia,* 1) [775, 1045].

En el plan de Dios para la humanidad, la Iglesia es el sacramento, el instrumento principal y visible por el cual el Espíritu logra alcanzar la unidad que nos aguarda a todos [776].

Este proceso de salvación, sin embargo, es una empresa divina y humana. Todos participamos en ella. Nuestra cooperación con el Espíritu consiste en convertirnos en una Iglesia que vea a Cristo tan claramente en los demás, que los demás puedan ver a Cristo en nosotros [779].

El Pueblo católico de Dios
[781-786]

Al hablar de la Iglesia, el Concilio Vaticano II enfatiza la imagen del pueblo de Dios más que ninguna otra [804].

Hablando con exactitud, todo el mundo es parte del pueblo de Dios; en los capítulos 8 y 9 del Génesis, la Biblia nos muestra que Dios ha creado una alianza con toda la humanidad [762]. Pero la frase "el pueblo de Dios" se les da de un modo especial a los seguidores de Cristo en el Nuevo Testamento y aclara varios aspectos importantes de la comunidad católica [763-766].

Un hecho importante sobre los católicos es éste: tenemos conciencia de ser un pueblo. A pesar de que procedemos de los más variados grupos étnicos y nacionales, tenemos conciencia de *pertenecer* a la misma familia mundial [815].

Otro aspecto del pueblo católico es nuestro sentido de la historia. Nuestra familia se remonta a los comienzos del cristianismo. No todos conocemos la totalidad del panorama de nuestra historia como Iglesia, pero casi todos conocemos historias de la vida de los mártires y de los santos. Sabemos de grupos, tanto antiguos como modernos, que han sido perseguidos a causa de su fe. Y muy dentro de nosotros nos identificamos con esta gente y su historia. Todas esas generaciones que nos precedieron son parte de nosotros [813-816, 834].

Nuestra conciencia de pueblo es profunda. Tal vez hay católicos separados o inactivos, pero buenos o malos, son católicos. Cuando quieren regresar, saben adónde ir. Y cuando regresan, son bienvenidos. La Iglesia tiene sus imperfecciones; pero en su corazón, ella es la fuente inagotable del perdón y de la misericordia de Dios [827].

La comunidad católica no constituye la totalidad del pueblo de Dios, pero es ese grupo fuerte y evidente que sabe hacia dónde se dirige [834]. Como el pueblo del Antiguo Testamento que avanza hacia la tierra prometida, estamos conscientes de que "no tenemos aquí muestra patria definitiva, sino que buscamos la venidera" (Hebreos 13,14). Nuestra fe nos indica que nuestro futuro está en Dios y que nos necesitamos mutuamente para alcanzarlo. Esto es parte de nuestra fuerza, un aspecto de nuestro misterio [2796].

La Iglesia católica: una institución única

En la Constitución apostólica *Pastor bonus,* el Papa Juan Pablo II escribe, "El Pastor Bueno, nuestro Señor Jesucristo (cf. Jn 10,11.14), confirió a los obispos, sucesores de los Apóstoles, y de modo especial al Obispo de Roma, Sucesor de Pedro, la misión de hacer discípulos en todos los pueblos y de predicar el Evangelio a toda criatura para que se constituyese la Iglesia, Pueblo de Dios, de forma que la función de los Pastores de su Pueblo sea en realidad un servicio, al que 'en la Sagrada Escritura se le llama significativamente diaconía o sea ministerio'" (1).

Desde el comienzo de su historia, el cristianismo ha tenido una estructura visible: designó líderes, prescribió formas litúrgicas y aceptó formulaciones de la fe. En términos de estos elementos, se ve que la Iglesia católica es una sociedad visible. Pero por ser también un misterio, la Iglesia es distinta a cualquier otro grupo organizado [771-779].

> *El papel de Pedro es guiar la Iglesia con un liderazgo inquebrantable.*

Como sociedad visible, la Iglesia católica es única en su clase. Otras comunidades cristianas poseen varios elementos básicos en común con ella, como son "un solo Señor, una sola fe, un solo bautismo, un solo Dios y Padre de todos" (Efesios 4,56). Pero como indica el Vaticano II, hay "muchos elementos de santidad y verdad que, como bienes propios de la Iglesia de Cristo, impelen hacia la unidad católica" (La Iglesia, 8) [771, 819, 827].

Más aún —y éste es el punto decisivo sobre la singularidad de la Iglesia católica— el Vaticano II declara que "Esta

Iglesia, establecida y organizada en este mundo como una sociedad, subsiste en la Iglesia católica" (La Iglesia, 8). Esta enseñanza clave declara que la plenitud básica de la Iglesia, la fuente vital de toda la unidad cristiana en el futuro, se halla singularmente en la Iglesia católica visible [816, 819, 870].

La infalibilidad de la Iglesia

[889-892]

Cristo le encargó a su Iglesia la misión de proclamar su Buena Nueva (Mateo 28,19-20). También nos prometió su Espíritu "de la verdad" (Juan 16,13). Ese mandamiento y promesa garantizan que nosotros, la Iglesia, jamás nos apartaremos de la enseñanza de Cristo. *La infalibilidad* es la inhabilidad que la Iglesia tiene de errar sobre los puntos básicos de la enseñanza de Cristo [2035, 2051].

La responsabilidad del Papa es preservar y nutrir la Iglesia. Esto significa que tratamos de hacer realidad la oración de Cristo en la Ultima Cena, "Que todos sean uno como Tú, Padre, estás en Mí y Yo en Ti. Sean también uno en nosotros: así el mundo creerá que tú me has enviado" (Juan 17,21) [820]. Como él tiene la responsabilidad de ser fuente sacramental de unidad, él desempeña un papel especial con respecto a la infalibilidad de la Iglesia [820, 936, 937].

La infalibilidad que la Iglesia posee le pertenece al Papa de un modo especial. El Espíritu de la verdad garantiza que él no puede llevar a la Iglesia al error cuando declara que enseña algo infaliblemente, en materias básicas de fe o de moral, como representante de Cristo y como cabeza visible de la Iglesia. Este don del Espíritu se llama la infalibilidad papal [891].

Al hablar de la infalibilidad de la Iglesia, del Papa y de los obispos, el Vaticano II dice: "Esta infalibilidad que el divino Redentor quiso que tuviese su Iglesia cuando define la doctrina de fe y costumbres, se extiende tanto cuanto abarca el depósito de la Revelación, que debe ser custodiado santamente y expresado con fidelidad. El Romano Pontífice, Cabeza del Colegio episcopal, goza de esta misma infalibilidad en razón de su oficio... La infalibilidad prometida a la Iglesia reside también en el Cuerpo de los Obispos cuando ejerce el supremo magisterio en unión con el sucesor de Pedro" (*La Iglesia*, 25) [877, 935].

9. María, Madre de Jesús y de la Iglesia

[484-511, 963-975]

...la Virgen María es para la Iglesia el modelo de la fe y de la caridad.

CATECISMO DE LA IGLESIA CATÓLICA, 967

En su encíclica *Redemptoris Mater,* el Papa Juan Pablo II escribió, "En medio de ellos María 'perseveraba en la oración' como 'madre de Jesús' *(Hch* 1, 13-14), o sea de Cristo crucificado y resucitado. Y aquel primer núcleo de quienes en la fe miraban 'a Jesús como autor de la salvación', era consciente de que Jesús era el Hijo de María, y que ella era su madre, y como tal era, desde el momento de la concepción y del nacimiento, *un testigo singular del misterio de Jesús...*'"(26). Desde aquel primer núcleo hasta hoy día, la Iglesia ha reconocido la influencia de María en nuestras vidas [972].

María, por ser Madre de Jesús, es madre de Dios. Como dice el Vaticano II: "Efectivamente, la Virgen María, que al anuncio del ángel recibió al Verbo de Dios en su alma y en su cuerpo y dio la Vida al mundo, es reconocida como verdadera Madre de Dios y del Redentor" (*La Iglesia*, 53) [484-507, 966].

Como Madre del Señor, María es una persona singular. Tal como su Hijo, fue concebida como ser humano (y vivió toda su vida) exenta de toda mancha de pecado original. Esto es su *Inmaculada Concepción* [490-493, 508].

Antes, durante y después del nacimiento de su Hijo Jesús, María permaneció físicamente virgen. [510-511]. Al final de su vida María fue asunta — esto es, elevada en cuerpo y alma — al cielo. Esto es la Asunción [966].

Como Madre del Cristo cuya vida vivimos, María es también madre de la Iglesia entera. Es miembro de la Iglesia, pero un miembro singular. El Vaticano II expresa la relación que tiene con nosotros llamándola "miembro excelentísimo y enteramente singular de la Iglesia y como tipo y ejemplar acabadísimo de la misma en la fe y en la caridad, y a quien la Iglesia católica, instruida por el Espíritu Santo, venera como a madre amantísima" (*La Iglesia*, 53) [971].

Como una madre que espera hasta que sus hijos mayores regresen al hogar, María no cesa de influir el rumbo de nuestra vida. Dice el Vaticano II: "Concibiendo a Cristo, engendrándolo, alimentándolo, presentándolo al Padre en el templo, padeciendo con su Hijo cuando moría en la cruz … Por eso es nuestra madre en el orden de la gracia" (*La Iglesia*, 61) [484-507]. "Con su amor materno se cuida de los hermanos de su Hijo, que todavía pe-

> *María es también madre de la Iglesia entera.*

40

regrinan y se hallan en peligros y ansiedad hasta que sean conducidos a la patria bienaventurada" (*La Iglesia*, 62) [488, 968-970, 2674].

La madre que vio al Hijo de su propia carne morir por sus otros hijos, te prepara un hogar y espera por ti. En palabras del Vaticano II, ella es tu "signo de esperanza cierta y de consuelo" (*La Iglesia*, 68).

10. Los santos

La Iglesia también honra a los demás santos que ya están con el Señor en el cielo. Son personas que sirvieron a Dios y a sus hermanos de un modo tan sobresaliente que han sido canonizadas. Es decir, la Iglesia ha declarado oficialmente que están en el cielo y nos las presenta como modelos heroicos y nos anima a orar pidiéndoles que intercedan ante Dios por nosotros [956, 957, 962].

Nosotros no veneramos a los santos, sino que los honramos como héroes. Son personas como nosotros que ya han alcanzado la meta. Ellos están con Dios.

11. Las Escrituras y la Tradición

[80-83]

La Tradición y la Escritura constituyen el depósito sagrado de la palabra de Dios, confiado a la Iglesia.

CONSTITUCIÓN DOGMÁTICA DE LA DIVINA REVELACIÓN DEI VERBUM, 10

El Concilio Vaticano II describe la sagrada Tradición y la sagrada Escritura como "el espejo en que la Iglesia peregrina contempla a Dios" (Revelación, 7) [97].

La palabra de revelación de Dios nos llega por medio de las palabras que los seres humanos han pronunciado y han escrito. "La sagrada Escritura es la palabra de Dios, en cuanto escrita por inspiración del Espíritu Santo" (Revelación, 9). La sagrada Tradición es la transmisión de la palabra de Dios por los sucesores de los apóstoles [95, 97].

La Biblia: sus libros y su mensaje
[101-141]

La sagrada Escritura, es decir, la Biblia, es una colección de libros. De acuerdo al canon de la Escritura (la lista de libros que la Iglesia católica considera auténticos), la Biblia contiene 73 libros. Los 46 libros del Antiguo Testamento se escribieron aproximadamente entre los años del 900 a.C. al 160 a.C.; es decir, antes del nacimiento de Cristo. Los 27 libros del Nuevo Testamento se escribieron aproximadamente entre los años 50 d.C. al 140 d.C. [120].

La colección del Antiguo Testamento se compone de libros históricos, didácticos (enseñanza) y proféticos (que enmarcan la palabra inspirada de los profetas, personas que se comunicaron con Dios de un modo especial y así fueron sus portavoces auténticos). Con varias excepciones, estos libros originalmente se escribieron en hebreo [121].

En fin, los libros del Antiguo Testamento son una crónica de las experiencias del pueblo de Israel con Yavé, el "Dios de sus padres" (vean Exodo 3,13-15). En general, estos libros revelan la percepción israelita de la realidad personal de Yavé, el Dios único, que obra en la historia humana, guiándola de acuerdo a su plan y objetivo. Yavé es el mismo Dios a quien Jesús, siendo judío, llamó Padre [122, 123, 128-130, 140].

Los libros del Nuevo Testamento, originalmente escritos en griego, se componen de los evangelios (la proclamación de las Buenas Nuevas) y las epístolas (cartas). El orden en que aparecen en la Biblia es el siguiente: primero los Evangelios de Mateo, Marcos, Lucas y Juan. A los primeros tres evangelios se les llama sinópticos (del griego, synoptikos, "una sola perspectiva") porque narran casi la misma cosa de modo similar. El libro llamado Hechos de los Apóstoles, que le sigue al Evangelio de San Juan, es una secuela del Evangelio de Lucas. Los Hechos de los Apóstoles, escrito por Lucas, continúa la narración de su Evangelio. El Evangelio de Juan (también se llama el Cuarto Evangelio) completa la imagen de Jesús que hallamos en los evangelios sinópticos [125-127].

Luego vienen las epístolas de San Pablo —los documentos más antiguos del Nuevo Testamento— que Pablo escribió para responder a necesidades particulares en casos especiales que surgían en las comunidades cristianas locales.

Después de las cartas de San Pablo siguen las epístolas católicas. Se les llama católicas o universales, porque no responden a ninguna necesidad particular de las comunidades locales, sino a cuestiones de importancia para todas las comunidades cristianas.

El último libro del Nuevo Testamento es el libro del Apocalipsis, que contiene un mensaje de esperanza para los cristianos perseguidos, prometiéndoles el triunfo último de Cristo en la historia [120].

El tema básico del Nuevo Testamento es Jesucristo. Cada libro revela un aspecto distinto de su misterio. Los cuatro evangelios narran las palabras y los hechos de Cristo conservados y transmitidos por las primeras generaciones de la Iglesia [139]. Narran la historia de la pasión y muerte y lo que la muerte significa a la luz de la Resurrección. En cierto sentido, los evangelios empezaron con la Resurrección. Las enseñanzas y los sucesos de la vida de Jesús cobraron un profundo significado para los cristianos sólo después de su Resurrección [638-658]. Los evangelios reflejan la fe en Jesús resucitado y vivo entre nosotros que los primeros cristianos compartían [124-127].

Los escritos del Nuevo Testamento no nos dicen quién era Jesús, sino quien él es. No son meros documentos históricos, pues tienen el poder de transformar tu vida. En el "espejo" del Nuevo Testamento puedes hallar a Cristo. Si puedes aceptar lo que ves en ese espejo, el significado de Jesús en tu vida, también podrás hallarte a ti mismo [101-104, 124].

La Tradición, el Vaticano II y los padres de familia
[74-83, 4-10, 1653-1658]

La sagrada Tradición es la transmisión de la palabra de Dios. Esta transmisión la realizan oficialmente los sucesores de los apóstoles, y de modo no oficial las personas que aman, enseñan y viven la fe del modo como la Iglesia la entiende [173].

Algunas ideas y costumbres nacen del proceso de la Tradición y, a veces durante varios siglos, se convierten en instrumentos importantes en el proceso. Pero un producto de la Tradición es esencial solamente si ese producto ha ayudado a transmitir la fe de modo invariable desde los primeros siglos de la Iglesia. Ejemplos de estos elementos básicos son la Biblia (como instrumento tangible que se usa para transmitir la fe), el Credo de los Apóstoles y las formas básicas de la liturgia de la Iglesia.

En una época determinada, un producto de la Tradición puede desempeñar un papel especial en la transmisión de la fe [74-83]. Un ejemplo son los documentos de los concilios ecuménicos. Un concilio ecuménico es una reunión oficial de todos los obispos del mundo unidos con el Papa, con el fin de tomar decisiones. Las enseñanzas de un concilio ecuménico —productos de la Tradición en su sentido estricto— desempeñan un papel decisivo en el proceso de la Tradición [884]. Los documentos del Concilio de Trento en el siglo dieciséis y los documentos del Vaticano I que tuvo lugar en el siglo diecinueve desempeñaron ese papel [9].

Los documentos del Concilio Vaticano II desempeñan la misma función en la transmisión y en el proceso de nuestra era. Como dijo el Papa Pablo VI en un discurso en 1966, "Debemos dar gracias a Dios y tener confianza en el futuro de la Iglesia al pensar en el Concilio: será el gran catecismo de nuestro tiempo" [10].

El Vaticano II hizo lo que la Iglesia como maestra siempre ha hecho: ha explicado el contenido inmutable de la revelación, traduciéndolo al lenguaje de la cultura de nuestra época. Pero esta traducción no es meramente noticias viejas disfrazadas en lenguaje moderno. Como dice el Vaticano II: "Esta Tradición apostólica va creciendo en la Iglesia con la ayuda del Espíritu Santo; es decir, crece la comprensión de las palabras e instituciones transmitidas ... La Iglesia camina a través de los siglos hacia la plenitud de la verdad, hasta que se cumplan en ella plenamente las palabras de Dios" (Revelación, 8) [77-79, 98, 2650, 2651].

Por medio del Vaticano II la Iglesia ha escuchado al Espíritu y ha adoptado la misión de estudiar "los signos de la época e interpretarlos a la luz del Evangelio" (*La Iglesia en el*

> **La sagrada Tradición es la transmisión de la palabra de Dios.**

mundo actual, 4). No siempre queda claro hacia dónde nos lleva el Espíritu. Pero el terreno sobre el cual nosotros, la Iglesia, marchamos adelante es firme: el Evangelio de Cristo. Uno de los instrumentos básicos de la Tradición en esta etapa en la historia —en la transmisión de la fe— son los documentos del Vaticano II [767, 768, 810].

La Tradición es un proceso totalmente personal. La fe se transmite *de persona a persona*. Los papas y los obispos, los sacerdotes y los religiosos, los teólogos y los maestros transmiten la fe. Pero la gente más importante que forma parte de ese proceso son los padres de familia y sus hijos. Los niños chinos no tienen acento irlandés. Los niños de padres sin fe casi nunca desarrollan una fe viva y profunda. Con respecto a la Tradición, recordemos las palabras del famoso educador y sacerdote inglés, el padre Drinkwater: "Tú educas hasta cierto punto por lo que dices, más por lo que haces y aun más por lo que eres; pero más que nada por lo que amas" [4-10, 902, 1653-1658, 2204-2206].

12. El pecado: original y personal
[396-409]

"Creado por Dios en la justicia, el hombre, sin embargo, por instigación del demonio, en el propio exordio de la historia, abusó de su libertad, levantándose contra Dios y pretendiendo alcanzar su propio fin al margen de Dios".

CONSTITUCIÓN PASTORAL, LA IGLESIA EN EL MUNDO ACTUAL, 13

El pecado original y sus efectos

Los capítulos 1 y 2 del Génesis narran la creación realizada por Dios. Dios creó todas las cosas, incluso al hombre y a la mujer, y vio que todo era bueno [279-324, 355-384]. Pero el pecado entró a este mundo bueno. En el capítulo 3 del Génesis, el hombre, Adán, rechaza a Dios y trata de hacerse igual a él. Como consecuencia de este pecado original el hombre se aleja de Dios. Se esconde. Cuando Dios lo confronta, Adán culpa a Eva y Eva culpa a la serpiente. La enseñanza es simple y trágica: la culpa del hombre ha torcido todas sus relaciones. El pecado convierte la vida en una carga pesada [385, 397-401].

Los capítulos 4 al 11 del Génesis describen el crecimiento del pecado en el mundo desde el pecado original de Adán. Caín mata a su hermano Abel. El pecado llega a tal proporción que Dios envía un diluvio que inunda toda la tierra, un símbolo del caos y destrucción que el pecado efectuó en la creación. En el capítulo 11, la necedad humana llega a su punto máximo: el hombre trata de llegar a ser igual que Dios construyendo una torre para alcanzar el cielo [56, 57, 60]. Este rechazo de Dios se desborda en el rechazo del prójimo. Ahora hay división y falta de comunicación entre las naciones [1865].

De acuerdo al Génesis, el pecado deformó un mundo hermoso. El resultado continuo ha sido la división, el dolor, la matanza, la soledad y la muerte. Esta trágica narración nos resulta conocida. La realidad que señala es parte fundamental de la experiencia humana. No es sorprendente que esta realidad —el hecho del pecado original y sus efectos en nosotros— es una enseñanza de la Iglesia [396-409].

Todo ser humano que nace al mundo, excepto Jesucristo

y su madre María, queda afectado por este pecado original. Como declara San Pablo en Romanos 5,12: "Ahora bien, por un solo hombre el pecado había entrado en el mundo, y por el pecado la muerte, y luego la muerte se propagó a toda la humanidad, ya que todos pecaron" [402].

Al insistir que el mal existe en el mundo, la Iglesia no sugiere que la naturaleza humana es corrupta. Por el contrario, la humanidad es capaz de hacer el bien. Aun cuando sentimos una fuerza aplastante, mantenemos un control esencial sobre nuestras decisiones. Permanece nuestro libre albedrío [386-390]. Y —lo que es más importante— Cristo nuestro Redentor ha conquistado la muerte y el pecado por su muerte y Resurrección. Esta victoria ha devorado no sólo nuestros pecados personales, sino también el pecado original y sus vastos efectos. La doctrina del pecado original puede representarse como un telón oscuro contra el cual se puede reflejar la vislumbrante redención que Cristo obtuvo para nosotros [606-618].

El pecado personal
[1846-1876]

Además de los efectos del pecado original, existe el pecado cometido por el individuo. Pecamos personalmente cuando quebrantamos la ley moral deliberadamente y con pleno conocimiento. Al pecar, dejamos de amar a Dios [1849-1853].

El pecado mortal es un rechazo fundamental del amor de Dios. Por él, el pecador pierde la presencia de Dios que posee por medio de la gracia. *Mortal* quiere decir que conduce a la muerte. Este pecado mata la vida y el amor de Dios en el pecador. Para que un pecado sea mortal debe haber (1) materia grave, (2) conocimiento suficiente, (3) consentimiento pleno de la voluntad [1854-1861].

> *Los pecados, no importa su seriedad, no tienen que ser acciones.*

El pecado venial es un rechazo menos serio del amor de Dios. *Venial* significa "que se perdona fácilmente". Un pecado es venial cuando no hay ofensa grave, o —si la materia es grave— cuando la persona no está lo suficientemente consciente del mal, o no da consentimiento pleno al pecado.

El pecado venial es como una enfermedad espiritual que hiere, pero no mata la presencia de Dios que la persona posee por medio de la gracia. Puede haber diferentes grados de seriedad en el pecado, como hay diferentes clases de enfermedades más o menos serias. Aun los pecados veniales no deben tomarse con ligereza. Quienes se aman no quieren ofenderse de ningún modo, ni siquiera levemente [1862, 1863].

Los pecados, no importa su seriedad, no tienen que ser acciones. Una persona puede pecar por pensamiento o deseo, o al no hacer algo que se debe hacer [1849, 1871].

Dios perdona todo pecado —aun los más serios— una y otra vez, si la persona verdaderamente se arrepiente [1864].

La persona que vive consciente de estar en pecado mortal tiene que confesar ese pecado para reconciliarse con Cristo y su Iglesia antes de recibir la santa comunión (1 Corintios 11,27-28) [1385]. Una persona en pecado mortal puede recibir la gracia de Dios antes de la confesión mediante un arrepentimiento perfecto, pero este arrepentimiento debe ir acompañado por la intención de confesarse y de recibir la absolución sacramental [1452, 1455, 1456].

El pecado personal y el mal social

[1865-1869]

El mal puede institucionalizarse. La injusticia, por ejemplo, puede llegar a ser parte de la vida de un grupo, enraizada en leyes y costumbres sociales. Tales patrones del mal, como una piedra que se lanza a un charco, se extienden y contaminan las actitudes y acciones de las personas en ese ambiente. La influencia de estos patrones puede ser tan sutil que la gente enredada en ellos tal vez no esté consciente del mal que promueven [1865-1869].

El misterio del pecado original tiene su dimensión social, y cooperar con esos patrones del mal aumenta la presencia del mal en el mundo y contribuye al sufrimiento humano. Por eso, el Vaticano II enfatiza —especialmente durante el tiempo penitencial de la Cuaresma— las "consecuencias sociales del pecado" (*Constitución sobre la Liturgia,* 109).

La persona que permite que el mal se institucionalice se convierte en parte integrante del problema y en un descendiente activo del hombre viejo, Adán. Resistir o confrontar el mal social te hace parte de la solución: un ser vivo con la vida que nos dio el Hombre Nuevo, Jesucristo [1869, 1872].

La formación de una conciencia recta

[1776-1802]

Tu conciencia es lo que en ti te ayuda a discernir lo bueno de lo malo. En ella está inscrita la ley que Dios ha colocado ahí, y tu felicidad y dignidad consisten en obedecerla. Serás juzgado de acuerdo a lo bien que hayas seguido la voz de tu conciencia: "La conciencia es el núcleo más secreto y el sagrario del hombre, en el que éste se siente a solas con Dios, cuya voz resuena en el recinto más íntimo de aquélla" (*La Iglesia en el mundo actual*, 16) [1777-1782].

Todos estamos moralmente obligados a seguir nuestra conciencia. Pero esto no significa que lo que nuestra conciencia nos dicta es siempre lo correcto. Todos estamos obligados a formar nuestras conciencias adecuadamente con el fin de que ésta sea una guía confiable. En ocasiones, aunque no sea culpa nuestra, desconocemos ciertas cosas que no nos permiten confiar en nuestra conciencia. Pero esto no significa que lo que nuestra conciencia nos indica es infaliblemente correcto. Como dice el Vaticano II: "No rara vez, sin embargo, ocurre que yerre la conciencia por ignorancia invencible, sin que ello suponga la pérdida de su dignidad" (*La Iglesia en el mundo actual*, 16). La búsqueda de una conciencia recta es parte de nuestra dignidad y responsabilidad [1790-1794].

Hablando sobre la conciencia recta, el Vaticano II dice: "Cuanto mayor es el predominio de la recta conciencia, tanto mayor seguridad tienen las personas y las sociedades para apartarse del ciego capricho y para someterse a las normas objetivas de la moralidad" (*La Iglesia en el mundo actual*, 16) [1786-1789].

Hay ciertas cosas que puedes hacer para formar una conciencia recta. La primera fuente a donde hay que recurrir es la Biblia. También deberías examinar las enseñanzas de la Iglesia que nos ayudan a entender lo que leemos en la Biblia. A través de los años la Iglesia ha desarrollado algunos principios que nos ayudan a decidir cómo actuar [1785, 2032].

Puedes pedirle al Espíritu Santo que te ayude en tus decisiones, así que también debes considerar la oración como

51

algo útil. También puedes pedirles a personas bien preparadas que te ayuden con sus consejos para decidir qué debes hacer [1788].

13. Los sacramentos de la Iglesia

[1210-1666]

Los siete sacramentos corresponden a todas las etapas y todos los momentos importantes de la vida del cristiano.

CATECISMO DE LA IGLESIA CATÓLICA, 1210

El bautismo: la vida nueva y nuevas maneras de vivir

[1213-1284]

Mediante la inmersión simbólica en las aguas bautismales, los cristianos "son injertados en el misterio pascual de Jesucristo". Misteriosamente "mueren con El, son sepultados con El y resucitan con El" (*Constitución sobre la sagrada Liturgia*, 6) [1086].

Como cristiano bautizado eres hermano adoptivo de Cristo "escondido con Cristo en Dios", pero eres también miembro visible de su Cuerpo [1266].

Por la muerte al pecado (las aguas bautismales lavan todo pecado, tanto original como personal) [1263, 1264], tú entras en la comunidad de la Iglesia "como por una puerta". Tu bautismo imborrable en Cristo fue el inicio de una vocación singular para toda la vida [1214-1216, 1263, 1271].

Mucha gente ejercita su vocación bautismal de modo muy práctico en actividades parroquiales. Para ayudar a sus sacerdotes, sirven como ministros de la Eucaristía, lectores, comentaristas, directores del coro, ujieres, monaguillos, miembros del consejo parroquial, de la Legión de María, de los Vicentinos, del Santo Nombre y otros grupos parroquiales [911].

Otros sirven en la vida espiritual y comunitaria de su parroquia enseñando religión, participando en programas de educación religiosa para adultos, clases de Biblia, círculos de oración y encuentros conyugales. Muchos fortalecen su fe alabando al Señor en la renovación carismática católica. Estos son sólo unos cuantos ejemplos de cómo los miembros bautizados del Cuerpo de Cristo viven el misterio de su vocación bautismal [898-913].

Un modo especial de vivir la vida bautismal es la vocación religiosa. Algunos se hacen miembros de órdenes y congregaciones, haciéndose hermanos y hermanas o monjas, respondiendo a una gracia especial de Dios [914-933, 944, 945].

Como religiosos consagrados, ellos se entregan al Señor cuando hacen votos de vivir los consejos evangélicos de pobreza, castidad y obediencia. Como explica el Vaticano II, sus vidas quedan dedicadas al servicio de Dios en "una peculiar consagración, que radica íntimamente en la consagración del bautismo y la expresa con mayor plenitud" (*Decreto sobre la vida religiosa*, 5) [930, 944, 2102, 2103].

Por el bautismo, compartes con los demás un "vínculo sacramental de unidad, vigente entre todos los que por él se han regenerado" (*Decreto sobre el ecumenismo*, 22). Tu bautismo no puede repetirse, ya que por él fuiste vinculado a Dios para siempre. Es un vínculo inquebrantable. Puedes perder la gracia y hasta la fe, pero no puedes perder tu bautismo. Has sido sellado como parte de Dios. Ese mismo vínculo te une a todos los demás seres bautizados en forma sacramental. Tú eres uno de nosotros y todos somos personas "sacramentales". Todos hemos recibido la vocación de vivir el misterio bautismal en el cual hemos sido sumergidos [941, 1271, 2791].

La confirmación: sello del Espíritu, Don del Padre

[1285-1321]

La confirmación es el sacramento por el cual las personas que han renacido en el bautismo reciben el sello del Espíritu Santo, Don del Padre. Como el bautismo y la Eucaristía, la confirmación es un sacramento de iniciación; en este caso, la iniciación a la vida de testigo cristiano adulto. La presencia profunda del Espíritu que recibimos en este sacramento debe apoyarnos en nuestro testimonio vital a Cristo y en el servicio a los demás [1302, 1303].

Si te fueras a confirmar hoy, el celebrante pondría su dedo pulgar en el crisma, una mezcla especial de aceite de oliva y bálsamo, y marcaría tu frente con la señal de la cruz. Esta acción constituye la imposición de manos que es parte efectiva del sacramento, y que se remonta a la era apostólica.

Al ungirte, el celebrante dirá tu nombre, diciendo: "Recibe por esta señal el don del Espíritu Santo". Estas palabras están íntimamente unidas a los principios del cristianismo. Como San Pablo les escribió a los cristianos en Efeso, "Ustedes también, al escuchar la Palabra de la Verdad, el Evangelio que los salva, creyeron en él, quedando sellados con el Espíritu Santo prometido, el cual es el anticipo de nuestra herencia" (Efesios 1,13-14) [1299, 1300].

La palabra *Don* que se usa en la confirmación se escribe

con mayúscula, porque el Don que recibimos en este sacramento es el Espíritu mismo (1293).

La sagrada Eucaristía: sacrificio y sacramento

[1322-1419]

En su Constitución sobre la sagrada liturgia, el Vaticano II abre el capítulo intitulado "El sacrosanto misterio de la Eucaristía" con estas hermosas palabras: "Nuestro Salvador, en la última cena, la noche que le traicionaban, instituyó el sacrificio eucarístico de su cuerpo y sangre, con el cual iba a perpetuar por los siglos, hasta su vuelta, el sacrificio de la cruz, y a confiar así a su Esposa, la Iglesia, el memorial de su muerte y resurrección: sacramento de piedad: signo de unidad, vínculo de caridad, banquete pascual, en el cual se recibe como alimento a Cristo, el alma se llena de gracia y se nos da una prenda de la gloria venidera" (*Liturgia*, 47) [1323, 1398].

Este misterio es el centro mismo y la culminación de la vida cristiana. "Por lo cual la Eucaristía aparece como la fuente y la culminación de toda la predicación evangélica … el centro de toda asamblea de los fieles (*Decreto sobre el ministerio y vida de los presbíteros,* 5) [1175, 1181, 1324, 1392].

> *La Eucaristía te puede atraer al amor apremiante de Cristo y llenarte de fuerza.*

Cristo está presente en toda Misa, tanto en la persona de su sacerdote como en su presencia especial bajo las formas del pan y el vino. En cada Misa su muerte se convierte en realidad presente, ofrecida como nuestro sacrificio a Dios, de modo incruento y sacramental. La obra de la redención avanza cuantas veces se celebre en el altar el sacrificio de la cruz [1333, 1350, 1372].

En la Misa ofrecemos a Cristo, nuestro sacrificio pascual, a Dios. Y nos ofrecemos con él. Luego recibimos al Señor resucitado, nuestro pan de vida, en la santa comunión. Al recibirlo, penetramos al centro mismo del misterio pascual de nuestra salvación: la muerte y resurrección de Cristo [1330, 1356-1359].

En la cena del Señor atravesamos la historia y "proclamamos la muerte del Señor hasta que vuelva" (1 Corintios 11,26). Al compartir este banquete de amor, nos hacemos un solo cuerpo en él. En ese momento nuestro futuro en Dios se convierte en una realidad presente. La unidad a la que estamos destinados queda simbolizada y realizada en la cena que compartimos. En la Misa, tanto el pasado como el futuro se hacen realmente presentes por el misterio [1382-1398, 1402, 1405].

Si te preparas debidamente y recibes la Eucaristía con fe viva, la misma te puede atraer al amor apremiante de Cristo y llenarte de fuerza. Cuando termina la celebración del sagrado misterio reconoces que te ha cautivado si tus obras reflejan tu fe. Y si regresas al lugar donde se reserva el Santísimo Sacramento, Cristo presente en el sagrario, puedes recobrar ese amor profundísimo del cual su presencia habla silenciosamente [1066-1075, 1418].

La penitencia: sacramento de reconciliación
[1422-1498]

La penitencia es el sacramento por el cual recibimos el perdón de Dios por los pecados cometidos después del bautismo. También se le llama el sacramento de la reconciliación porque no sólo nos reconcilia con Dios, sino también con la comunidad de creyentes que es la Iglesia. Ambos aspectos de la reconciliación son importantes [1468-1470].

Como miembros del Cuerpo de Cristo, todo lo que hacemos afecta al Cuerpo entero. El pecado hiere y debilita el Cuerpo de Cristo; la curación que recibimos en la penitencia le devuelve la fuerza y la salud a la Iglesia y también a nosotros.

Cuando alguien se desvía o se aleja del amor de Dios, quien se perjudica es el pecador. El pecado venial pone en tirantez nuestra relación con Dios. El pecado mortal rompe esa relación [1854-1863].

> *Cuando confiesas tus pecados sinceramente, Dios se regocija.*

El pecado es una realidad trágica. Pero el sacramento de la penitencia es ocasión de alegría. El capítulo 15 del Evangelio de San Lucas expresa esa alegría claramente. En Lucas 15, los fariseos acusan a Jesús de ser demasiado misericordioso. Jesús les contesta con tres parábolas. En la primera, Dios es cual pastor que abandona noventa y nueve ovejas para buscar la que había perdido. Cuando la encuentra, se llena de alegría [1443].

En la segunda parábola, una mujer encuentra una moneda valiosa que había perdido, y celebra el encuentro con una fiesta. Jesús comenta: "Les declaro que de la misma manera hay gozo entre los ángeles de Dios por un solo pecador que cambie su corazón" (15,10) [545-546].

La tercera parábola es la del hijo pródigo. Cuando el hijo que estaba perdido regresa al hogar, su padre lo recibe con un caluroso abrazo [2839].

Cuando confiesas tus pecados sinceramente, con verdadero arrepentimiento y propósito de jamás pecar, Dios se regocija. Los fariseos que vemos en el Evangelio de Lucas son hombres estrictos y rígidos, jueces más estrictos que Dios. El Padre que Cristo reveló parece ser demasiado bueno. Y así también es Jesús, a quien encuentras en este sacramento. De tal palo, tal astilla. En la penitencia, Jesús te abraza y te sana [1441-1442].

La unción de los enfermos
[1499-1532]

Experimentas la mortalidad en la enfermedad grave. Te das cuenta que algún día morirás. Si no estás gravemente enfermo, sino solamente achacoso o avanzado en edad, tienes la misma experiencia.

Ya que estas circunstancias hacen que te enfrentes a Dios y que tengas presente tu propia muerte, tu condición presente tiene un carácter sacramental muy especial. Por eso hay un sacramento formal para esta clase de situación: la unción de los enfermos [1522].

> *La unción de los enfermos te ayuda a compartir más profundamente la cruz de Cristo.*

La unción no acelera la muerte. Sin embargo, en este sacramento Dios te invita a comulgar con él pensando en el encuentro final con él. Por medio de este sacramento, toda la Iglesia le pide a Dios que alivie tu sufrimiento, que perdone tus pecados y que te conduzca a la salvación eterna [1520].

No tienes que estar al borde de la muerte para recibir este sacramento. Esto se ve claramente porque la unción y las oraciones acompañantes tienen como objetivo la restauración de tu salud. Por lo tanto, si no te hallas en peligro inmediato de muerte, pero estás enfermo, puedes y debes pedir el sacramento. Si alguna vez estás en peligro de muerte, por enfermedad o edad avanzada, no debes posponer su recepción [1514-1515].

La unción de los enfermos te ayuda a compartir más profundamente la cruz de Cristo. Al compartirla, contribuyes al crecimiento espiritual de la Iglesia. Por medio de esta participación en la cruz de Cristo mediante la unción, te preparas para compartir más totalmente la resurrección de Cristo [1521].

Las órdenes sagradas: sacerdocio ministerial
[1536-1600]

La Iglesia es el Cuerpo de Cristo. Como tal, toda la Iglesia participa en la naturaleza y la misión de Cristo, nuestra cabeza. Esto incluye la participación en su sacerdocio [787-796, 1268, 1546].

Pero más allá del "sacerdocio común de los fieles", existe el "sacerdocio ministerial" especial de Cristo, que algunos miembros de la Iglesia reciben por el sacramento del orden sagrado [901, 1547].

Ambas clases de sacerdocio —el común y el ministerial— comparten en el sacerdocio de Cristo. Y ambas se relacionan entre sí, pero existe una diferencia básica entre ellas. En el sacrificio eucarístico, por ejemplo, el sacerdote ordenado obra en la persona de Cristo y ofrece el sacrificio de Dios en nombre de todos, y la gente se une al sacerdote en esa ofrenda. Ambos papeles —el del sacerdote y el del pueblo— van unidos [901-903].

Los sacerdotes reciben su sacerdocio de los obispos, que poseen la plenitud del sacramento del orden sagrado. Cuando el obispo ordena al sacerdote, le hace partícipe de su sacerdocio y misión [1562-1564].

Los sacerdotes participan en el ministerio de Cristo predicando el evangelio, tratando con todas sus fuerzas de guiar al pueblo hacia la madurez cristiana. Ellos bautizan, sanan, perdonan el pecado en el sacramento de la penitencia, actúan como testigos en el sacramento del matrimonio y ungen a los enfermos. Y lo que es más importante, los sacerdotes celebran la Eucaristía, que es "el centro de toda la asamblea de los fieles que preside el presbítero" (*Decreto sobre el ministerio y vida de los presbíteros*, 5). Todos los sacerdotes marchan unidos en su objetivo común: el edificar el Cuerpo de Cristo [1565-1568, 1595].

Al ser ordenados, los sacerdotes quedan sellados con un "carácter especial", un poder interior que les permite "obrar como en persona de cabeza" (*Sacerdotes*, 2). Este carácter interior especial une a los sacerdotes en vínculo sacramental entre sí, un hecho que, en cierto sentido, los separa del resto del pueblo. Esta "separación" tiene como propósito ayudar a los sacerdotes a entregarse totalmente a la obra de Dios [1581-1584].

Como dice el Vaticano II, los sacerdotes "ejercen otros ministerios" igual que Cristo (*Sacerdotes*, 2). Esto quiere decir que los sacerdotes necesitan a su gente, como su gente los necesita a ellos. Los laicos que trabajan unidos a los sacerdotes les ayudan a ser líderes de la comunidad del pueblo de Dios [910].

Además de los obispos y los sacerdotes, los diáconos también participan de modo especial en el sacramento del orden sagrado. El diaconado, conferido por el obispo, se recibe como el primer paso en la ordenación de aquellos destinados al sacerdocio. Desde el Concilio Vaticano II, sin embargo, la antigua orden del diaconado ha sido restaurada en la Iglesia católica romana como oficio en sí. Muchas diócesis cuentan con diáconos que no serán ordenados sacerdotes. Por eso se les llama diáconos permanentes. Los diáconos permanentes sirven al Pueblo de Dios bajo la autoridad del obispo local [1569-1571, 1596].

En los comienzos de la Iglesia había muchos diáconos y los hay de nuevo hoy día en los Estados Unidos. El diácono permanente se ordena para llevar a cabo su ministerio. Los diáconos pueden ser miembros, casados o solteros, de la Iglesia. El diaconado es un ministerio de servicio. Por lo regular su servicio combina el servicio litúrgico y el pastoral dentro de la comunidad.

El matrimonio: sacramento de unidad vivificante
[1601-1666]

En toda civilización las personas han intuido un aura de misterio en cuanto a la unión de un hombre y una mujer. Siempre ha existido la vaga impresión de que el anhelo profundo del uno por el otro es fuente de vida, y que es el deseo de unidad con la fuente de toda vida. Es por eso que muchos rituales religiosos y códigos de conducta siempre se han asociado con el matrimonio.

Jesús tomó el matrimonio y lo elevó a sacramento. Como resultado, el matrimonio da una nueva dimensión a la vocación cristiana que comienza en el bautismo [1601].

> *El matrimonio es una vocación sacramental de y para la Iglesia.*

En el matrimonio, el marido y la mujer están llamados a amarse mutuamente de modo muy práctico: sirviendo las más profundas necesidades personales mutuas; tratando de comunicarse seriamente sus sentimientos y pensamientos personales, de modo que su unión crezca y se mantenga siempre viva. Este amor es explícita y bellamente sexual. Como indica el Vaticano II, "Este amor se expresa y perfecciona singularmente con la acción propia del matrimonio" (*La Iglesia en el mundo actual*, 49) [1643-1654].

En el matrimonio, la pareja también está llamada a vivir su sacramento para los demás. Por su intimidad obvia, la pareja amorosa afecta las vidas de los demás con ese algo especial: el amor de Cristo entre nosotros. Revelan el amor de Cristo y contagian a los demás: a sus hijos y a cuantos se les aproximen. El resultado natural, y uno de los fines principales del matrimonio, es la creación de nueva vida: los hijos. Pero el amor de una pareja también da vida —la vida del Espíritu de Cristo— a los demás [1652-1658, 2366, 2367].

La pareja no vive su amor meramente porque son compatibles. Lo hacen consciente y deliberadamente porque ésa es su vocación y porque el matrimonio es lo que San Pablo llamó un misterio "muy grande, y yo lo refiero a Cristo y a la Iglesia" (Efesios 5,32) [1616].

El matrimonio es mucho más que un arreglo privado entre dos personas. Es una vocación sacramental de y para la Iglesia. Es un medio por el cual Cristo revela y profundiza el misterio de su unión con nosotros, su Cuerpo. Por eso, los esposos y esposas viven una vida verdaderamente sacramental cuando siguen las palabras de san Pablo: "Sométanse unos a otros por consideración a Cristo" (Efesios 5,21) [1617].

La unión sacramental de la pareja en la Iglesia católica es

exclusiva (un hombre y una mujer) e *indisoluble* (hasta que la muerte nos separe). Estas son formas concretas por las cuales la unión misteriosa entre el esposo y la esposa, y entre Cristo y su Iglesia, se hace realidad [1643-1645, 2360-2379].

Lo mejor que los padres pueden hacer por sus hijos es amarse mutuamente. Asimismo, una de las mejores cosas que una pareja puede hacer por la Iglesia y por el mundo es vivir en profunda unión [2201-2231].

14. El destino humano

[988-1060]

"Y puesto que los hombres mueren una sola vez, y después viene para ellos el juicio".

HEBREOS 9,27

La muerte y el juicio individual

La Iglesia cree en dos destinos: uno individual y el otro para toda la humanidad [678-679].

Tu vida como peregrino en la tierra llega a su fin al momento de la muerte. Al dejar atrás el mundo sujeto al tiempo y a los cambios, ya no puedes escoger otra realidad como el amor más grande de tu vida. Si al morir tu amor opta por el Bien absoluto que llamamos Dios, Dios permanecerá contigo para siempre. La posesión eterna de Dios se llama cielo [1023-1029].

Si al morir tu amor no opta por Dios, entonces sentirás el vacío profundo de no poseer el Bien absoluto. Esta pérdida eterna se llama infierno [1033-1037, 1056, 1057].

El juicio, en el momento de tu muerte, es la revelación

clara de tu inmutable condición, libremente elegida: la unión eterna con Dios, o la eterna separación [1021, 1022].

El purgatorio y la comunión de los santos

[1030-1032, 954-959]

Si mueres en el amor de Dios, pero aún tienes algunas "manchas de pecado", esas manchas se lavan en un proceso de purificación que se llama purgatorio. Estas manchas de pecado son principalmente la pena temporal causada por el pecado venial o mortal que ya ha sido perdonado, pero por el cual no has hecho suficiente penitencia durante tu vida. El Segundo Concilio de Lyons expresó claramente la doctrina del purgatorio, reflejada en la Escritura y desarrollada en la Tradición (1274 d.C.).

Después de haber pasado por el purgatorio, ya no serás egoísta. Serás capaz de amar con amor perfecto. Tu egoísmo —esa parte en ti que incansablemente buscó satisfacción— habrá muerto para siempre. El "nuevo tú" será tu mismo ser interior, transformado y purificado por la intensidad del amor de Dios.

Además de declarar la existencia del purgatorio, el Segundo Concilio de Lyons también afirmó que "los fieles en la tierra pueden ayudar" a quienes están en el purgatorio, ofreciendo por ellos "el sacrificio de la Misa, oraciones, limosnas y otras obras religiosas" [958, 1032, 1055].

En esta doctrina queda implícito el vínculo de unión —llamado la comunión de los santos—que existe entre el pueblo de Dios en la tierra y aquellos que han pasado a mejor vida. El Vaticano II enfoca este vínculo cuando dice "recibe con gran piedad la venerable fe de nuestros antepasados acerca del consorcio vital con nuestros hermanos que se hallan en la gloria celeste o que aún están purificándose después de la muerte" (La Iglesia, 51) [828, 959].

Esta comunión de los santos es mutua. En la sección que citamos, el Vaticano II dice que así como nosotros en la tierra podemos ayudar a los que están en el purgatorio, así también los que están en el cielo pueden ayudarnos en nuestra peregrinación intercediendo ante Dios por nosotros [946-962].

El infierno
[1033-1037]

Dios, quien es amor y misericordia infinita, también es justicia infinita [1040]. Debido a la justicia de Dios y a su respeto total por la libertad humana, el infierno es una posibilidad real como destino eterno de la persona. Este aspecto del misterio de Dios nos resulta difícil de entender. Pero Cristo mismo lo enseñó y también lo hizo la Iglesia [1861].

La doctrina sobre el infierno aparece claramente en las Sagradas Escrituras. En el Evangelio de Mateo, Cristo les dice a los justos: "¡Vengan, los bendecidos por mi Padre! Tomen posesión del reino que ha sido preparado para ustedes desde el principio del mundo". Pero a los malvados les dice: "¡Malditos, aléjense de mí, vayan al fuego eterno que ha sido destinado para el diablo y para sus ángeles!" (Mateo 25,34.41). En otro lugar Jesús dice: "Pues es mejor para ti que entres con una sola mano en la Vida, que no con las dos ir a la gehenna, al fuego que no se apaga" (Marcos 9,43) [1056, 1057].

Algo que sale claramente de esta doctrina es la realidad de la libertad humana. Eres libre para buscar a Dios y para servirle. Y eres libre para escoger lo contrario. En ambos casos, eres responsable de las consecuencias. La vida es cosa seria. El modo en que la vives tiene consecuencias serias. Eres libre, radicalmente libre, para buscar a Dios. Y eres libre, radicalmente libre, para escoger el dolor inexpresable de su ausencia [1730-1748].

El cielo
[1023-1029]

La gracia, la presencia de Dios en ti, es como una semilla viva y en desarrollo que está destinada a abrirse algún día en toda su plenitud.

Dios se te ha brindado a sí mismo, pero de una manera oculta. Ahora lo buscas, aunque ya lo posees. Pero llegará el momento en que tu búsqueda cesará. Entonces verás y poseerás a Dios completamente. Esto se nos ha revelado. [1024].

San Juan nos dice: "Amados, desde ya somos hijos de Dios, aunque no se ha manifestado lo que seremos al fin. Pero ya lo sabemos: cuando él se manifieste en su Gloria seremos semejantes a él, porque lo veremos tal como es" (1 Juan 3,2) [1720].

Y San Pablo dice: "Del mismo modo, al presente vemos en un mal espejo y en forma confusa, pero entonces será cara a cara. Ahora solamente conozco en parte, pero entonces le conoceré a él como él me conoce a mí" (1 Corintios 13,12) [164].

Eso es el cielo: la visión directa de Dios, cara a cara, tal como es: Padre, Hijo y Espíritu. Es una unión total y perfecta con Dios, éxtasis de satisfacción que sobrepasa la imaginación humana; el "ahora" de la eternidad en el cual todo es siempre nuevo, fresco y presente ante ti. El cielo es la cálida corriente de alegría, en compañía de Jesús, de su Madre y de toda la gente que has conocido y amado. Es la ausencia total del dolor, del remordimiento, de los recuerdos amargos cuando disfrutarás de todos los poderes de tu mente y (luego de la resurrección en el Juicio Final) de tu cuerpo.

Esto es el cielo. O sea, esto es una pobre imagen de lo que Dios les ha prometido a los que lo aman, de lo que Cristo ha ganado para nosotros mediante su muerte y resurrección [163, 1023, 1024, 2519].

Una tierra nueva y un cielo nuevo
[1042-1050]

Los credos de la Iglesia expresan con claridad nuestra fe en el juicio final del último día. Ese día los muertos resucitarán. Por el poder divino estaremos presentes ante Dios en cuerpo, como seres humanos [681, 682]. Entonces Dios — Señor absoluto de la historia— presentará un juicio panorámico de todo lo que la humanidad ha hecho y todo lo que ha sufrido durante los siglos cuando el Espíritu se esforzó en hacernos avanzar como un solo pueblo [1038-1041].

¿Cuándo vendrá ese día? En un pasaje admirable, lleno de esperanza en todo lo humano, el Vaticano II expresa la visión de la Iglesia sobre esta cuestión: "Ignoramos el tiempo en que se hará la consumación de la tierra y de la humanidad. Tampoco conocemos de qué manera se transformará el universo. La figura de este mundo, afeada por el pecado, pasa, pero Dios nos enseña que nos prepara una nueva morada y una nueva tierra donde habita la justicia, y cuya bienaventuranza es capaz de saciar y rebasar todos los anhelos de paz que surgen en el corazón humano" (La Iglesia en el mundo actual, 39) [1001, 1048, 1059, 1060].

Mientras tanto, en el tiempo que nos queda por vivir, "crece el cuerpo de una nueva familia humana, el cual puede de alguna manera anticipar un vislumbre del siglo nuevo" (*La Iglesia en el mundo actual*, 39) [1049, 2820].

Cuando hayamos propagado por la tierra "los bienes de la dignidad humana, la unión fraterna y la libertad; en una palabra, todos los frutos excelentes de la naturaleza y de nuestro esfuerzo, después de haberlos propagado por la tierra en el Espíritu del Señor y de acuerdo con su mandato, volveremos a encontrarlos limpios de toda mancha, iluminados y transfigurados... El reino está ya misteriosamente presente en nuestra tierra; cuando venga el Señor, se consumará su perfección" (*La Iglesia en el mundo actual*, 39) [1048-1050].

Ese reino está ya misteriosamente presente. Ya comenzó el día en que Dios "enjugará toda lágrima de sus ojos y ya no existirá ni muerte". Ya comenzó el día en que le dice a todos los seres vivientes: "Ahora todo lo hago nuevo... Ya está hecho. Yo soy el Alfa y la Omega, el Principio y el Fin" (Apocalipsis 21,4.5-6) [1044, 1186].

Mientras tanto, obramos y oramos por el florecimiento del reino que vendrá. Y como los primeros cristianos gritamos: ¡Marana tha! ¡Ven, Señor Jesús! Te buscamos [1130, 1403, 2548-2550, 2853].

PRÁCTICAS

1. Los dos grandes mandamientos
[1877]

El fundamento de toda ley (la norma de tu vida) recae sobre dos mandamientos: "Amarás al Señor tu Dios con todo tu corazón, con toda tu alma y con toda tu mente. Amarás a tu prójimo como a ti mismo" (Mateo 22,37.39) [2055, 2083].

2. Los mandamientos de Dios
[2084-2557]

Estos mandamientos son una extensión de los dos grandes mandamientos. Los primeros tres nos indican cómo amar a nuestro Dios; el resto indican cómo amar a nuestro prójimo [2196].

Los Diez Mandamientos

1. No habrá para ti otros dioses delante de mí [2084-2141].

2. No usarás el nombre de Dios en vano [2142-2167].

3. Recuerda santificar el día del Señor [2168-2195].

4. Honra a tu padre y a tu madre [2197-2257].

5. No matarás [2258-2330].

6. No cometerás adulterio [2331-2400].

7. No robarás [2401-2463].

8. No darás testimonio falso contra tu prójimo [2464-2513].

9. No codiciarás la mujer de tu prójimo [2514-2533].

10. No codiciarás los bienes de tu prójimo [2534-2557].

3. Los preceptos de la Iglesia

[2041-2043, 2048]

De vez en cuando, la Iglesia ha enumerado ciertas obligaciones de todo católico. Algunos de estos deberes son obligaciones básicas que se presumen de todo católico y se conocen como los preceptos de la Iglesia.

Los preceptos de la Iglesia

- Oír Misa entera los domingos y fiestas de precepto (2042).

- Confesar los pecados mortales al menos una vez al año, y en peligro de muerte, y si se ha de comulgar (2042).

- Comulgar por la Pascua de Resurrección (2042).

- Ayunar y abstenerse de comer carne cuando lo manda la Santa Madre Iglesia (2043).

- Observar las leyes matrimoniales de la Iglesia [1601-1666].

- Participar en el espíritu misionero y en el apostolado de la Iglesia (2043).

- Cooperar para cubrir las necesidades materiales de la Iglesia de acuerdo con tus medios económicos (2043).

Observar estos preceptos significa que debemos tomar ciertas decisiones. Santificar los días de precepto y los domingos significa que debemos evitar el trabajo innecesario, las actividades de negocio, las compras innecesarias y cosas similares [1166, 1167, 1389, 2042, 2174-2192].

Si vamos a vivir una vida sacramental al recibir la comunión y la reconciliación, debemos ir más allá del mínimo de recibirlas una vez al año. Aunque nuestra obligación sea confesar nuestros pecados una vez al año si hemos cometido un pecado mortal, debemos tratar de confesar nuestros pecados regularmente y recibir la sagrada comunión siempre que asistamos a Misa libres de pecado grave [1389, 1417, 2042].

Observar las leyes matrimoniales de la Iglesia incluye dar una educación religiosa a nuestros niños. Además, asistimos a las escuelas católicas cuando nos sea posible y a los programas de educación religiosa [1656, 1657].

4. Los días de precepto

[2043, 2180, 2698]

Los días de precepto son fiestas especiales cuando los católicos que tienen uso de razón tienen obligación de ir a Misa, como los domingos, y de evitar el trabajo innecesario. Quedan excusados de una o ambas obligaciones si tienen alguna razón seria.

En los Estados Unidos los días de precepto que se celebran son:

Los días de precepto

Estados Unidos

1. La Solemnidad de Santa María, Madre de Dios, el 1ro de enero

2. La Ascensión de nuestro Señor. Algunas diócesis la celebran cuarenta días después de la Pascua y otras la celebran el séptimo domingo de Pascua. Consulta tu iglesia local.

3. La Asunción de María, el 15 de agosto

4. El día de Todos Los Santos, el 1ro de noviembre

5. La Inmaculada Concepción de María, el 8 de diciembre

6. La Navidad, el 25 de diciembre

El 8 de diciembre (la Inmaculada Concepción) y el 25 de diciembre (la Navidad) siempre son días de precepto.

Cuando el 1ro de enero (la Solemnidad de Santa María, Madre de Dios), el 15 de agosto (la Asunción de María) y el 1ro de noviembre (Todos Los Santos) caen un sábado o un lunes, se excusa a los católicos de asistir a Misa, pero la celebración litúrgica siempre es el día de precepto.

5. Las reglas sobre el ayuno y la abstinencia

[2043]

El ayuno y la abstinencia son dos tipos de penitencia en la Iglesia. Hay días especiales cuando todos practicamos una penitencia y estamos obligados a ayunar y a abstenernos de comer carne. Otras veces, podemos practicar el ayuno y la abstinencia como una penitencia personal.

Abstenerse significa no comer carne. El Miércoles de Ceniza, el Viernes Santo y todos los viernes de la Cuaresma son días de abstinencia. La obligación de observar la abstinencia es para todo católico de catorce años de edad en adelante.

Ayunar significa comer sólo una comida completa y dos comidas ligeras al día. El Miércoles de Ceniza y el Viernes Santo son días de ayuno. No se permite comer entre comidas los días de ayuno. La obligación de ayunar es para todo católico de dieciocho años hasta los cincuenta y nueve años de edad.

El viernes es el día que la Iglesia ha escogido para hacer penitencia en memoria de la pasión de Jesús. Se anima a los católicos a practicar algún tipo de penitencia todos los viernes del año [1438]. (Los católicos que viven en el Canadá deben consultar a sus párrocos para obtener información de las reglas canadienses.)

Los enfermos y las mujeres embarazadas no tienen obligación de ayunar. Otras personas que piensan que no pueden observar las leyes del ayuno y la abstinencia deben consultar a un sacerdote de la parroquia o a su confesor.

El ayuno y la abstinencia son formas de penitencia. Al hacer éstas y otras penitencias, podemos realizar ese cambio interior del corazón que es tan necesario para todos los cristianos [1434-1437].

6. La confesión de los pecados

[1424, 1491]

El precepto de confesarse al menos una vez al año nos recuerda que debemos recibir el sacramento de la penitencia (reconciliación) regularmente. La confesión no es necesaria si no se ha cometido pecado grave en ese tiempo [1493]. Sin embargo, la confesión frecuente es muy valiosa, pues nos conforma más profundamente a Cristo y nos hace más sumisos a la voz del Espíritu [2042].

La reconciliación es un encuentro personal con Jesucristo, a quien el sacerdote representa en el confesionario o en el salón de reconciliación. El penitente reconoce ante Dios que ha pecado, hace un acto de contrición, acepta la penitencia (oraciones, obras de abnegación, servicio a los demás) y hace propósito de enmienda [983, 986, 1441, 1442].

Existen diferentes formas de celebrar el sacramento de la reconciliación. Una de las más comunes se presenta a continuación, pero puede que ésta sea diferente en tu parroquia. Recuerda que el sacerdote siempre estará dispuesto a ayudarte.

Luego de haber orado y examinado tu conciencia para descubrir los pecados que has cometido, entras al confesionario [1450-1460].

- El sacerdote te saluda gentilmente.
- Tú le respondes y haces la señal de la cruz.
- El sacerdote te invita a tener confianza en el Señor.

- Tú le contestas: "Amén".
- El sacerdote lee o cita algún texto de la Biblia.
- Tú te presentas (no por nombre) y le dices cuánto tiempo ha pasado desde tu última confesión. Entonces le dices tus pecados. (Debes confesar cada pecado mortal lo mejor posible.) Conviene mencionar tus pecados veniales más frecuentes y los que te causan mayor dificultad.
- El sacerdote te ofrecerá el consejo necesario y contestará tus preguntas. Entonces te impondrá una penitencia.
- Tú dices el acto de contrición (véase la página 89).
- El sacerdote entonces pone las manos sobre tu cabeza (o extiende su mano derecha sobre ti) y recita las palabras de absolución:

Dios, Padre misericordioso, que reconcilió consigo al mundo por la muerte y la Resurrección de su Hijo y derramó el Espíritu Santo para la remisión de los pecados, te conceda, por el ministerio de la Iglesia, el perdón y la paz. Y yo te absuelvo de tus pecados en el Nombre del Padre, y del Hijo y del Espíritu Santo.

- Tú le contestas: "Amén".
- El sacerdote dice: "Da gracias al Señor, porque es bueno".
- Tú respondes: "Porque es eterna su misericordia".
- El sacerdote entonces se despide de ti con estas palabras u otras similares: "El Señor ha perdonado tus pecados. Vete en paz".

(Para obtener más información sobre la penitencia, véase la página 56.)

7. Las reglas sobre el ayuno eucarístico

[1387, 1415]

Para recibir la santa comunión uno debe estar en estado de gracia (libre de pecado mortal), tener intención recta (no por rutina o respeto humano, sino para agradar a Dios) y observar el ayuno eucarístico.

Este ayuno implica que no debes comer nada ni beber ningún líquido (excepto agua) una hora antes de recibir la comunión. Sin embargo, los enfermos y los ancianos, aun los que no tienen que guardar cama o los que están en un hogar de ancianos (y quienes cuidan de ellos que quieren recibir la comunión pero no pueden ayunar por una hora sin mucho inconveniente), pueden recibir la comunión *aunque hayan comido o tomado algo menos de una hora antes.*

8. Cómo recibir la comunión

[1384-1390, 1415-1417]

Durante la Misa tienes la oportunidad de recibir la comunión si te encuentras en estado de gracia. Cada obispo puede establecer normas propias en su diócesis pero la mayoría sigue una práctica común. La ceremonia que se presenta a continuación es de la Instrucción general del misal romano (No. 160)

Recuerda que las cosas pueden ser un poco diferentes en tu parroquia o diócesis.

Generalmente vas a recibir la comunión de pie. Se puede recibir en la mano o en la lengua y en la forma de pan o bajo las dos especies [1390].

Cuando recibes la comunión, inclina un poco la cabeza

como señal de reverencia. Si la recibes bajo las especies de pan y vino, haz el mismo gesto al recibir el vino.

Cuando el ministro de la Eucaristía se dirige al comunicante y le dice, "El Cuerpo de Cristo", "La Sangre de Cristo", el comunicante responde: "Amén" cada vez.

Cuando el ministro eleva el pan eucarístico o el vino, es una invitación para que el comunicante haga un acto de fe para expresar su fe en la Eucaristía, para manifestar su deseo y necesidad del Señor, para aceptar la buena nueva del misterio pascual de Jesús.

Un "Amén" claro y pleno de sentido es tu respuesta a esa invitación. De este modo profesas tu fe en la presencia de Cristo en el pan Eucarístico y en el vino Eucarístico.

9. Las bienaventuranzas
[1716-1717]

Un cristianismo adulto y maduro implica más que la obediencia de las leyes. Quienes siguen a Cristo y viven en su Espíritu saben que su salvación incluye la lucha y el dolor. Las bienaventuranzas resumen las dificultades que los fieles cristianos deben vencer y la recompensa que les espera si siguen fielmente a Cristo (Mateo 5,3-10).

Las bienaventuranzas

[1716]

- Bienaventurados los pobres de espíritu, porque de ellos es el Reino de los Cielos [544].

- Bienaventurados los mansos, porque ellos poseerán en herencia la tierra.

- Bienaventurados los que lloran, porque ellos serán consolados.

- Bienaventurados los que tienen hambre y sed de justicia, porque ellos serán saciados.

- Bienaventurados los misericordiosos, porque ellos alcanzarán misericordia.

- Bienaventurados los limpios de corazón, porque ellos verán a Dios [1720, 2518, 2546].

- Bienaventurados los que buscan la paz, porque ellos serán llamados hijos de Dios [2305, 2306, 2330].

- Bienaventurados los perseguidos por causa de la justicia, porque de ellos es el Reino de los Cielos (Mateo 5,3-10).

He aquí una versión más corta de las bienaventuranzas:

1. Felices son los que necesitan a Dios.
2. Felices los que saben controlarse a sí mismos.
3. Felices los que se arrepienten de sus pecados.
4. Felices los que tienen hambre y sed de justicia.
5. Felices son los misericordiosos.
6. Felices los que aman con todo el corazón.
7. Felices son los pacíficos.
8. Felices los que sufren por hacer el bien.

10. Las obras corporales de misericordia

[2443, 2447]

1. Dar de comer al hambriento.
2. Dar de beber al sediento.
3. Vestir al desnudo.
4. Visitar a los presos.
5. Dar techo a quien no lo tiene
6. Visitar a los enfermos.
7. Dar sepultura a los muertos [1681-1690, 2300].

11. Las obras espirituales de misericordia

[2443, 2447]

1. Corregir al pecador.
2. Instruir al ignorante.
3. Aconsejar al que duda.
4. Consolar a los afligidos.
5. Soportar las ofensas pacientemente.
6. Perdonar toda injuria.
7. Orar por los vivos y los muertos [958, 1032].

12. Cómo bautizar en caso de emergencia

[1240-1256, 1284]

Echa agua ordinaria en la frente (no el pelo) de la persona que se va a bautizar, y di a la vez: "Yo te bautizo en el nombre del Padre y del Hijo y del Espíritu Santo". (Cualquier persona puede y debe bautizar en caso de necesidad; la misma persona tiene que decir las palabras a la vez que vierte el agua.)

13. Cómo prepararse para la visita del sacerdote
(La confesión, la comunión, la unción)

[1517-1519]

Llama al sacerdote cuando un familiar o amigo está grave. La persona no tiene que estar en peligro de muerte. Generalmente la persona enferma recibe la comunión, que se puede recibir a cualquier hora. El obispo, el sacerdote, el diácono o el ministro de la Eucaristía les pueden llevar la comunión a los enfermos. Si el obispo o el sacerdote es quien viene, entonces la persona también puede recibir los sacramentos de la reconciliación y de la unción de los enfermos.

Cubre una mesita con un paño. Si es posible, coloca la mesita cerca de la cama o la silla del enfermo. Pon un crucifijo, una vasija con agua bendita y velas sobre la mesita.

Los enfermos pueden recibir la comunión a cualquier hora. Si la persona enferma no puede recibirla bajo la forma del pan, se le puede dar sólo bajo la forma del vino. Las personas que cuidan a los enfermos también pueden recibir la comunión.

Cuando llegue el obispo, el sacerdote o el diácono, ve a la puerta a recibirlo y llévalo a donde está el enfermo. Si viene el obispo o el sacerdote y la persona enferma quiere recibir el sacramento de la penitencia, sal del cuarto para que tengan privacidad. Después de la confesión, regresa y participa en las oraciones.

14. Tiempos litúrgicos del año
[1163-1173]

En la liturgia es que "se ejerce la obra de nuestra redención, sobre todo en el divino sacrificio de la Eucaristía, contribuye en sumo grado a que los fieles expresen en su vida y manifiesten a los demás el misterio de Cristo y la naturaleza auténtica de la verdadera Iglesia" (Liturgia, 2). Es "la cumbre a la cual tiende la actividad de la Iglesia, y al mismo tiempo, la fuente de donde mana toda su fuerza" (Liturgia, 10) [2698].

La Iglesia celebra el memorial de nuestra redención en Cristo en días designados en el curso del año. El misterio de Cristo se descubre a lo largo del año. La Iglesia hace esto en secuencia durante los diferentes tiempos litúrgicos del año [1166].

El Adviento: comienza cuatro semanas (más o menos) antes de la Navidad [524]. (El domingo que cae el o más cerca del 30 de noviembre.)

La Navidad: empieza el día de Navidad y dura hasta el domingo del Bautismo del Señor, el domingo después de la Epifanía. (El período desde el final del tiempo de la Navidad hasta el principio de la Cuaresma pertenece al Tiempo Ordinario del año [1171].)

La Cuaresma: dura cuarenta días y se caracteriza por su carácter penitencial. Comienza el Miércoles de Ceniza y termina antes de la celebración de la Misa de la Cena del Señor el Jueves Santo. La última semana se llama la Semana Santa, y sus últimos tres días, desde el Jueves Santo hasta la Vigilia Pascual, se llaman el Triduo Pascual [540, 1438].

La Pascua: tiene por tema la resurrección del pecado a la vida de la gracia y dura cincuenta días, desde el Domingo de Pascua hasta Pentecostés [1096, 1168, 1169].

El Tiempo Ordinario: incluye treinta y tres o treinta y cuatro semanas en el curso del año que no celebran ningún aspecto particular del misterio de Cristo. Incluye no sólo el período posterior a la Navidad y anterior al comienzo de la Cuaresma, sino también todos los domingos después de Pentecostés hasta el último domingo del año litúrgico, que es la Fiesta de Cristo Rey [1166, 1167, 2177].

ORACIONES

[2559-2565, 2697-2699]

Nota introductoria

De acuerdo a una antigua definición, la oración es "estar con Dios". Por la oración te relacionas con Dios desde los recintos más profundos de tu ser. En ella buscas y entras en comunión con el Dios vivo, respondiéndole a él como se te ha dado a conocer por las enseñanzas de la Iglesia [2697-2699].

A pesar de ser tan personal, la oración hace uso de fórmulas y palabras. La oración litúrgica —la oración comunitaria oficial de la Iglesia— usa fórmulas aprobadas. Se da el mismo caso en la oración de grupo no oficial. Aun en la oración privada, las fórmulas tradicionales pueden ser de gran ayuda.

Cuando es bien personal, la oración privada es espontánea o improvisada, y algunas veces ni siquiera usa palabras. Sin embargo, las fórmulas son ayudas prácticas para comenzar a orar y expresar la fe. Por eso, ofrecemos algunas de las fórmulas predilectas y aprobadas por el tiempo de la devoción católica. Estas oraciones expresan toda la gama de actitudes en la oración: la adoración, la acción de gracias, la petición y la reparación. En esta sección también ofrecemos un método de oración privado de meditación.[2700-2704].

1. La señal de la cruz
[232-237]

En el nombre del Padre y del Hijo y del Espíritu Santo. Amén. (Se dice al comenzar y al terminar la oración.)

2. El Padre Nuestro
(La Oración del Señor)
[2759-2865]

Padre nuestro, que estás en el cielo, santificado sea tu nombre; venga a nosotros tu reino; hágase tu voluntad en la tierra como en el cielo. Danos hoy nuestro pan de cada día; perdona nuestras ofensas, como también nosotros perdonamos a los que nos ofenden; no nos dejes caer en la tentación, y líbranos del mal. Amén.

3. El Ave María
[2676, 2677]

Dios te salve, María; llena eres de gracia, el Señor es contigo. Bendita tú eres entre todas las mujeres y bendito es el fruto de tu vientre, Jesús. Santa María, Madre de Dios, ruega por nosotros pecadores ahora y en la hora de nuestra muerte. Amén.

4. Oración de Alabanza (Doxología)

[2639-2643]

Gloria al Padre, al Hijo y al Espíritu Santo; como era en el principio, ahora y siempre, por los siglos de los siglos. Amén.

5. Bendición antes y después de la comida

[2698]

Bendícenos, Señor, y estos alimentos que vamos a recibir de tu generosidad, por Cristo, nuestro Señor. Amén.

Te damos gracias por todos tus beneficios, Dios todopoderoso, que vives y reinas por los siglos de los siglos. Que las almas de los fieles difuntos, por la misericordia de Dios, descansen en paz. Amén. (También se pueden usar oraciones espontáneas a la hora de la comida.)

Los católicos atesoran muchas oraciones que han usado en el pasado y que seguirán usando en el futuro. Aquí tienen algunas de las oraciones católicas más conocidas.

6. Oración de la mañana

[2659-2660]

Santísima y adorada Trinidad, un solo Dios en tres personas, te alabo y te doy gracias por todos los favores que he recibido de ti. Tu bondad me ha protegido siempre. Te ofrezco todo mi ser y particularmente todos mis pensamientos, palabras y obras, al igual que todas las pruebas que sufra este día. Dales tu bendición. ¡Qué las anime tu amor divino y que sirvan para darte mayor gloria!

Hago esta ofrenda de la mañana unido a las intenciones divinas de Jesucristo, el cual se ofrece diariamente en el santo sacrificio de la Misa, y unido a María, su virgen Madre y nuestra Madre, quien siempre fue la sierva fiel del Señor. Amén.

o

Dios todopoderoso, agradezco todas tus bendiciones en el pasado. Hoy me ofrezco a mí mismo —todo lo que haga, diga o piense— todo lo encomiendo a tu cuidado. Sigue dándome tu bendición.

Hago esta ofrenda de la mañana unido a las intenciones divinas de Jesucristo, el cual se ofrece diariamente en el santo sacrificio de la Misa, y unido a María, su virgen Madre y nuestra Madre, quien siempre fue la sierva fiel del Señor. Amén.

7. Acto de fe
[1814-1816, 2656]

Oh, Dios mío, creo firmemente que eres un solo Dios en tres personas divinas, Padre, Hijo y Espíritu Santo; creo que tu Hijo divino se hizo hombre y murió, por nuestros pecados, y que vendrá a juzgar a los vivos y a los muertos. Creo ésta y todas las verdades que la Iglesia católica enseña, porque tú las has revelado y ni engañas ni puedes ser engañado. Amén.

8. Acto de esperanza
[1817-1821, 2657]

Oh, Dios mío, confío en tu infinita bondad y en tus promesas, y espero obtener el perdón de mis pecados, la ayuda de tu gracia y la vida eterna, por los méritos de Jesucristo, mi Señor y Redentor. Amén.

9. Acto de amor

[1822-1829, 2658]

Oh, Dios mío, te amo sobre todas las cosas con todo mi corazón y con toda mi alma, porque eres bueno y digno de mi amor. Amo a mi prójimo como a mí mismo por amor a ti. Perdono a quienes me han injuriado y pido perdón a cuantos haya ofendido. Amén.

10. Acto de contrición

[1450-1460]

(a) Dios mío, con todo mi corazón me arrepiento de mis pecados. Al elegir el mal y omitir el bien, he pecado contra ti, a quien amo sobre todas las cosas. Propongo firmemente, con la ayuda de tu gracia, hacer penitencia, no volver a pecar y evitar lo que me conduce al pecado. Nuestro salvador Jesucristo sufrió, y murió por nosotros. En su nombre, Señor, apiádate de mí. Amén.

(b) Oh, Dios mío, me arrepiento de mis pecados porque te he ofendido. Sé que debo amarte sobre todas las cosas. Ayúdame a hacer penitencia, a mejorar mi vida y a evitar todo lo que me conduce al pecado. Amén.

(c) Cualquier oración espontánea que indica tu arrepentimiento, prometiéndole a Dios enmendar tus caminos y evitar lo que te conduce al pecado, es un buen acto de contrición.

11. Ven, Espíritu Santo

[2670-2672]

Ven, Espíritu Santo.
R. Llena los corazones de los fieles y enciende en ellos el fuego de tu amor.

Envía tu Espíritu y todo será de nuevo creado.
R. Y renovarás la faz de la tierra.

Oremos: Oh Dios, que has instruido los corazones de los fieles con la luz del Espíritu Santo, concédenos a través del mismo Espíritu que gocemos siempre de su divino consuelo. Por Cristo nuestro Señor. Amén.

12. Oración por las vocaciones

[914-933, 2004]

Señor, tú nos dijiste: "La cosecha es mucha y los obreros pocos. Pidan, pues, al Señor de la cosecha, que mande obreros a su cosecha". Te pedimos que nos hagas saber la vocación a la que nos llamas. Te pedimos especialmente por quienes son llamados a ser sacerdotes, hermanos o hermanas; por quienes ya has llamado, por quienes sigues llamando ahora y por quienes llamarás en el futuro. Que sean receptivos y respondan a tu llamado de servir a tu pueblo. Te lo pedimos por Cristo, nuestro Señor. Amén.

13. Oración al Angel Guardián

[335, 336, 350-352]

Ángel de Dios, mi amado guardián, cuyo amor me protege. No me desampares ni de noche ni de día. Ilumíname, cuídame, guíame. Amén.

14. Oración por los fieles difuntos

[958, 1032]

Dales, Señor, el descanso eterno.
R. Brille para ellos la luz perpetua.

Que las almas de los fieles difuntos, por la misericordia de Dios, descansen en paz.
R. Amén.

15. Vía Crucis

[617, 1647 1674]

**Meditaciones sobre la pasión
y muerte de Jesús**
Oración
Jesús, quiero caminar contigo hacia el Calvario. Yo sé que sufriste porque me amas. Ayúdame a amarte siempre.

**En cada estación contempla la escena
y reza una oración corta y sincera.**

1. Jesús es condenado a muerte.
2. Jesús con la cruz a cuestas.
3. Jesús cae por primera vez.

4. Jesús encuentra a su Madre.

5. Simón, el cirineo, ayuda a Jesús a llevar la cruz.

6. Verónica enjuga el rostro de Jesús.

7. Jesús cae por segunda vez.

8. Jesús consuela a las mujeres de Jerusalén.

9. Jesús cae por tercera vez.

10. Jesús es despojado de sus vestiduras.

11. Jesús es crucificado.

12. Jesús muere en la cruz.

13. Jesús es bajado de la cruz.

14. Jesús es colocado en el sepulcro.

15. La resurrección.

16. Oración a Cristo Crucificado

[618]

Amado y buen Jesús, postrado en tu santísima presencia, te ruego con el mayor fervor, imprimas en mi corazón vivos sentimientos de fe, esperanza y caridad, verdadero dolor de mis pecados y un propósito de enmienda firmísimo, mientras que con todo el amor y con gran pesar en mi alma, voy considerando tus cinco llagas, teniendo presente aquello que dijo de ti, oh buen Jesús, el profeta David: "Han taladrado mis manos y mis pies, y se pueden contar todos mis huesos" (Salmo 22,1718).

17. Oración a Nuestro Redentor

[1381]

Alma de Cristo, santifícame. Cuerpo de Cristo, sálvame. Sangre de Cristo, embriágame. Agua del costado de Cristo, lávame. Pasión de Cristo, confórtame. Oh buen Jesús, óyeme. Dentro de tus llagas, escóndeme. No permitas que me aparte de ti. Del enemigo malo, defiéndeme. En la hora de mi muerte, llámame. Y mándame ir a ti, para que con tus santos te alabe, por los siglos de los siglos. Amén.

La devoción a María la Madre de Dios es un componente esencial de la espiritualidad católica. Las siguientes son algunas oraciones marianas conocidas.

18. Memorare

[2673-2675, 2679]

Acuérdate, oh piadosísima Virgen María, que jamás se ha oído decir que ninguno de los que han acudido a tu protección, implorado tu asistencia y reclamado tu auxilio, haya sido desamparado. Animados con esta confianza, a ti también acudimos, oh Virgen y Madre y, aunque afligidos bajo el peso de nuestros pecados, nos atrevemos a presentarnos ante tu presencia soberana. No desdeñes, oh Madre de Dios, nuestras súplicas; antes bien, escúchalas y dígnate acogerlas favorablemente. Amén.

19. Angelus

[973, 2617]

El ángel del Señor anunció a María.
R. Y ella concibió del Espíritu Santo. (Dios te salve…)

He aquí la esclava del Señor.
R. Hágase en mí según tu palabra. (Dios te salve…)

Y el Verbo se hizo carne.
R. Y habitó entre nosotros. (Dios te salve…)

Ruega por nosotros, santa Madre de Dios.
R. Para que seamos dignos de alcanzar las promesas de Cristo.

Oremos: Dios mío, por la anunciación del ángel supimos de la encarnación de Cristo, tu Hijo. Derrama tu gracia sobre nuestros corazones y por su pasión y cruz, condúcenos a la gloria de su resurrección. Por Cristo nuestro Señor. Amén

20. Reina del Cielo

[972-975, 2617-2622]

(Esta oración se dice durante la Pascua, en lugar del Angelus.)

Reina del Cielo, alégrate, aleluya.
R. Porque el Señor a quien has merecido llevar en tu seno, aleluya, ha resucitado según su palabra, aleluya. Ruega al Señor, por nosotros, aleluya.

Alégrate, Virgen María, aleluya.
R. Porque ha resucitado el Señor, aleluya.

Oremos: Oh Dios, que has alegrado al mundo por la resurrección de tu Hijo, nuestro Señor Jesucristo: concédenos, por la intercesión de la Virgen María, su Madre, alcanzar el gozo eterno. Por el mismo Jesucristo, nuestro Señor. Amén.

21. La Salve

[963-975, 2617-2622, 2672-2675]

Dios te salve, Reina y Madre de misericordia, vida dulzura y esperanza nuestra. Dios te salve. A ti llamamos los desterrados hijos de Eva; a ti suspiramos gimiendo y llorando en este valle de lágrimas. Ea, pues, Señora, abogada nuestra, vuelve a nosotros esos tus ojos misericordiosos. Y después de este destierro, muéstranos a Jesús, fruto bendito de tu vientre. ¡Oh clementísima! ¡Oh piadosa! ¡Oh dulce Virgen María! Ruega por nosotros, Santa Madre de Dios.

R. Para que seamos dignos de alcanzar las promesas de nuestro Señor Jesucristo.

Oremos: Dios todopoderoso, tu único Hijo con su vida, muerte y resurrección obtuvo para nosotros los gozos del cielo. Concédenos, te pedimos, que al meditar sobre estos misterios del rosario, podamos imitar su contenido y obtener lo que prometen, por Jesucristo nuestro Señor. Amén.

22. El rosario de María

[971, 1674, 2678, 2708]

El rosario completo tiene veinte décadas, pero se divide en cuatro partes y cada una tiene cinco décadas. La primera consiste de los cinco misterios gozosos de la vida de Jesús y María. La segunda parte conmemora sucesos del ministerio de Jesús que iluminan su misión. La tercera parte considera los cinco misterios dolorosos y la cuarta recuerda los cinco misterios gloriosos.

Comenzamos con la señal de la cruz.

Entonces se dice el Credo de los Apóstoles, un Padre Nuestro, tres Ave Marías y un Gloria al Padre, en la cadenita corta de donde pende el crucifijo.

Luego menciona y conmemora el misterio, y di un Padre Nuestro, diez Ave Marías y un Gloria al Padre. Así se completa una década.

Todas las demás se dicen del mismo modo, conmemorando un misterio distinto en cada década. Al terminar el rosario, se puede rezar la Salve.

Los misterios del rosario son escenas de la vida de Jesús y María. Meditando estos misterios podemos entender mejor nuestra religión: la encarnación del Señor, la redención y la vida cristiana del presente y del futuro.

Los misterios gozosos

1. La Encarnación del Hijo de Dios.

2. La Visitación de María Santísima a su prima Isabel.

3. El Nacimiento de nuestro Señor Jesucristo.

4. La Presentación del Hijo de Dios en el Templo.

5. El Niño Jesús, perdido y hallado en el Templo.

Los misterios luminosos

1. Jesús es bautizado en el Jordán.

2. Jesús se auto manifiesta en las bodas de Caná.

3. Jesús proclama el Reino de Dios.

4. La transfiguración de Jesús.

5. Jesús instituye la Eucaristía como el signo sacramental de su misterio pascual.

Los misterios dolorosos

1. La oración de Jesús en el Huerto de Getsemaní.

2. La flagelación de Cristo, atado a la columna.

3. La coronación de espinas.

4. Jesús con la cruz a cuestas.

5. La crucifixión y muerte del Redentor.

Los misterios gloriosos

1. La Resurrección de nuestro Señor Jesucristo.

2. La Ascensión de Jesucristo a los cielos.

3. La venida del Espíritu Santo el día de Pentecostés.

4. La Asunción de la Santísima Virgen María en cuerpo y alma a los cielos.

5. La coronación de María Santísima como Reina y Señora de cielos y tierra.

A continuación tenemos dos expresiones comunes de la fe católica.

23. El Credo de Nicea

(198-1065)

Creo en un solo Dios, Padre Todopoderoso, Creador del cielo y de la tierra, de todo lo visible y lo invisible. Creo en un solo Señor, Jesucristo, Hijo único de Dios, nacido del Padre antes de todos los siglos: Dios de Dios, Luz de Luz, Dios verdadero de Dios verdadero, engendrado, no creado, de la misma naturaleza del Padre, por quien todo fue hecho; que por nosotros, los hombres, y por nuestra salvación bajó del cielo, y por obra del Espíritu Santo se encarnó de María, la Virgen, y se hizo hombre; y por nuestra causa fue crucificado en tiempos de Poncio Pilato; padeció y fue sepultado, y resucitó al tercer día, según las Escrituras, y subió al cielo, y está sentado a la derecha del Padre; y de nuevo vendrá con gloria para juzgar a vivos y muertos, y su reino no tendrá fin. Creo en el Espíritu Santo, Señor y dador de vida, que procede del Padre y del Hijo, que con el Padre y el hijo recibe una misma adoración y gloria, y que habló por los profetas. Creo en la Iglesia, que es una, santa, católica y apostólica. Confieso que hay un solo bautismo para el perdón de los pecados. Espero la resurrección de los muertos y la vida del mundo futuro. Amén.

24. El credo de los Apóstoles

[198-1065]

Creo en Dios, Padre Todopoderoso, Creador del cielo y de la tierra. Creo en Jesucristo, su único Hijo, Nuestro Señor, que fue concebido por obra y gracia del Espíritu Santo, nació de Santa María Virgen, padeció bajo el poder de Poncio Pilato, fue crucificado, muerto y sepultado, descendió a los infiernos, al tercer día resucitó de entre los muertos, subió a los cielos y está sentado a la derecha de Dios, Padre todopoderoso. Desde allí ha de venir a juzgar a vivos y muertos. Creo en el Espíritu Santo, la santa Iglesia católica, la comunión de los santos, el perdón de los pecados, la resurrección de la carne y la vida eterna. Amén.

La Eucaristía es parte central de la fe y del culto católico. Además de la Misa, tenemos otras devociones eucarísticas.

25. Bendición del Santísimo Sacramento
(Oración a Cristo en la Eucaristía)

[1381]

Como católicos, tenemos el privilegio de participar en el ofrecimiento del sacrificio eucarístico y recibir la santa comunión. Pero hay muchas otras devociones que ayudan a extender la presencia real de Cristo entre nosotros. Una de esas devociones es la Bendición del Santísimo Sacramento.

Cristo nos prometió permanecer siempre con nosotros (Mateo 28,20). La costumbre de guardar el Santísimo Sacramento creció bastante rápidamente desde el principio de la historia de la Iglesia. (Esto se hizo para la conveniencia de los enfermos, de modo que se les pudiera llevar la comunión.) Luego, la gente comenzó a reunirse espontáneamente en la Iglesia para orar y ofrecer el culto en la presencia de Cristo. Más tarde, la presencia de Cristo alcanzó tal significado en sus vidas, que pidieron que se les exhibiera la hostia montada en un trono o custodia (un receptáculo ornamental). Luego añadieron oraciones y cánticos, y el sacerdote les bendecía con la hostia expuesta en la custodia.

La Bendición es un acto de adoración asombrosamente sencillo y de proporciones adecuadas. Comenzamos contemplando la presencia de Dios entre nosotros. (La mayor parte del tiempo nos hallamos tan ocupados hablando o trabajando y viajando, que Cristo casi no tiene tiempo para hablarnos. Contemplar quiere decir que permitimos que Dios se una a nosotros.) Luego le sigue la bendición sacramental en sí: el sacerdote hace la señal de la cruz con la custodia. Finalmente, respondemos espontáneamente con palabras de alabanza y acción de gracias.

La Bendición se celebra así: mientras la congregación canta un himno de entrada (cualquier himno eucarístico), el celebrante saca la hostia del sagrario y la pone en la custodia. Luego la pone sobre el altar. Después la inciensa (acto simbólico que indica adoración) y sigue un período de contemplación en silencio o de oración pública. Luego, después de una homilía (si hay una), se puede cantar un himno, como el siguiente:

Adorad postrados
    este sacramento.
Cesa el viejo rito.

Se establece el nuevo.
Dudan los sentidos
y el entendimiento:
Que la fe supla
con asentimiento.
Himnos de alabanza
bendición y obsequio;
por igual la gloria,
y el poder y el reino
al eterno Padre,
con el Hijo eterno
y el divino Espíritu,
que procede de ellos. Amén.

Entonces el celebrante dice o canta una oración como la que sigue:

Celebrante: Oh Dios, que en este sacramento admirable nos dejaste el memorial de tu Pasión; te pedimos nos concedas venerar de tal modo los sagrados misterios de tu Cuerpo y de tu Sangre, que experimentemos constantemente en nosotros el fruto de tu redención. Tú, que vives y reinas por los siglos de los siglos.

Pueblo: Amén.

El celebrante bendice al pueblo con la hostia. Luego, el pueblo recita o canta una aclamación como la que sigue [2639-2643]:

Bendito sea Dios.
Bendito sea su santo nombre.
Bendito sea Jesucristo, verdadero Dios y verdadero hombre.

Bendito sea el nombre de Jesús.

Bendito sea su Sagrado Corazón.

Bendita sea su Preciosísima Sangre.

Bendito sea Jesús en el Santísimo Sacramento del altar.

Bendito sea el Espíritu Santo.

Bendita sea la santa Madre de Dios, María Santísima.

Bendita sea su santa e Inmaculada Concepción.

Bendita sea su gloriosa Asunción.

Bendito sea el nombre de María, Virgen y Madre.

Bendito sea San José, su castísimo esposo.

Bendito sea Dios en sus santos y en sus ángeles.

26. Ordinario de la Misa
(Oración comunitaria)
[1345-1355]

Ritos iniciales
Canto
Saludo
Acto penitencial
Gloria — Himno de Alabanza
Oración de entrada

Liturgia de la Palabra
(Escuchamos y respondemos a la Palabra de Dios.)
Primera lectura
Salmo responsorial
Segunda lectura
Aleluya o Aclamación antes del evangelio
Evangelio
Homilía

Profesión de fe (Credo)
Oración de los fieles

Liturgia de la Eucaristía
(Ofrecemos a Jesús al Padre.)
Presentación de las ofrendas del pan y el vino
Oración sobre las ofrendas
Plegaria eucarística (Nuestros dones de pan y vino se
convierten en el Cuerpo y la Sangre de Cristo.)
Aclamación memorial
Padre nuestro — oración del Señor
Saludo de la paz — La Paz de Cristo
Fracción del pan
Rito de la comunión
Oración después de la comunión

Rito de conclusión
Bendición
Despedida

27. Método de meditación
(Oración privada)
[2705-2708, 2723]

I. Preparación

Trata de mantenerte consciente de Dios en tu rutina diaria.
Trata de recordar esta verdad frecuentemente: Dios está en
todas partes y quiere mi bienestar.

Haz un acto de fe en la presencia de Dios al comenzar tu

meditación. Pídele perdón por todas tus faltas. Pídele ayuda en tu meditación. Incluye una oración a la Virgen María y a otros santos favoritos pidiéndoles ayuda.

II. Reflexión

Lee la Biblia o algún libro espiritual por unos minutos. Pregúntate: ¿Qué he leído? ¿Qué me enseña? ¿Cómo he actuado hasta ahora? ¿Qué haré en el futuro?

La ventaja de la meditación no consiste en lo que piensas, sino más bien en la oración que sigue; por eso, trata de dedicar la mayor parte de tu meditación a las afecciones (breves oraciones del corazón), a las peticiones (solicitando ayuda de Dios) y a las resoluciones (planes prácticos para cambiar tu vida con la ayuda de Dios).

Las afecciones: "Señor, me arrepiento de haberte ofendido". "Gracias por las bendiciones que me has dado". "Quiero amarte sobre todas las cosas". "Te alabo, Señor". "Hágase tu voluntad". "Confío en ti, Señor".

Las peticiones: Pide por tus necesidades: por ejemplo, el perdón de tus pecados, una mayor confianza, ayuda en una situación difícil, gracias específicas para perdonar a alguien, la paciencia, el don de una muerte santa.

Las resoluciones: Que sean cortas y específicas: por ejemplo, evitar el chisme con…, ser gentil con…, no perder la paciencia con…, ser fiel en la oración.

III. Conclusión

(1) Dale gracias a Dios por las revelaciones y bendiciones que recibiste durante la meditación, (2) repite tus resolucio-

nes, (3) pide ayuda para perseverar en tus resoluciones y (4) piensa en una oración breve o reflexión corta y repítela con frecuencia durante el día.

Más sugerencias para la oración meditativa
[2709-2719, 2724]

1. No seas tú el único que hable. Detente, escucha al Señor. Las inspiraciones que él nos da son valiosísimos sentimientos o pensamientos que "oyes" en tu corazón.

2. No trates de sentir los actos de amor o las otras afecciones. Estos son actos de tu voluntad, y generalmente no tienen que desbordarse en la emoción. Si no estás satisfecho porque te distraes, ten paciencia. Soportar esta dificultad es una parte muy valiosa de tu oración.

3. Si de vez en cuando te sientes atraído a pensar en Dios o a contemplarlo en silencio —o tienes conciencia vaga de su presencia— sigue ese camino. Pero si te distraes, vuelve a expresar afecciones de amor, alabanza, arrepentimiento. Algunas personas logran mantener su atención en Dios repitiendo una frase, por ejemplo: "Señor Jesucristo, ten piedad de mí"; o una sola palabra, como "Dios" o "Jesús".

VIVIR LA FE EN EL ESPÍRITU DEL CONCILIO VATICANO II

Los concilios ecuménicos en la Iglesia son eventos de gran importancia porque influyen en ella por generaciones. En la Iglesia de hoy sentimos la influencia de los obispos reunidos en concilios alrededor del Papa, desde el Concilio de Jerusalén hasta el Vaticano II, el más reciente en la historia de la Iglesia. Cada concilio ha ejercido una influencia duradera en la Iglesia, aunque después sólo los historiadores sean los que recuerdan su nombre.

A menudo sucede que a un concilio le sigue un período de desorden. Por ejemplo, podemos recordar el Concilio Vaticano I y ver que la doctrina de la infalibilidad de la Iglesia causó poca controversia. Pero de hecho, el Concilio causó un cisma dentro de la Iglesia al que siguieron años difíciles de discusión de la interpretación de una doctrina que hoy día aceptamos.

También el Concilio Vaticano II ha causado confusión y desorganización y ha sido motivo de muchas discusiones dentro de la Iglesia. Por ser el concilio más reciente, éste nos brinda un entendimiento básico de la Iglesia y de las cosas que son importantes en la vida de la Iglesia. En ese concilio, la Iglesia nos pidió que recordáramos el pasado, pero que vivamos el presente. Teniendo esto en mente, es bueno recordar las influencias más importantes del concilio que se pueden apreciar en la Iglesia de hoy.

Las Sagradas Escrituras
[101-141]

Las Escrituras en la vida del creyente y de la Iglesia.
[131-133]

Las Sagradas Escrituras y la Tradición forman el depósito único de la revelación que Dios ha hecho. Una de las metas del Concilio fue animar a todos los católicos a que estudien las Escrituras, a que aprendan de ellas y a que las utilicen para su oración personal. La Iglesia nos guía, pero debemos aprender a cuestionar y a escoger la palabra de Dios para que ésta viva dentro de nosotros.

Desde siempre se ha alentado a los católicos a que conozcan y estudien las Escrituras. Hoy día, este conocimiento proviene del estudio formal o informal de las Escrituras y también se nutre de ellas durante la homilía en la Misa. Debemos prepararnos a escuchar las Escrituras en la Misa, leyendo, orando y estudiándolas de antemano. Los cursos bíblicos para adultos forman parte de los programas de formación continua en muchas parroquias.

En cierta forma podemos decir que, a partir del Concilio

Vaticano II los laicos han redescubierto las Escrituras. Realmente nunca se perdieron, pero hoy día existen métodos nuevos que hacen accesible la ciencia de las Escrituras a jóvenes y adultos por igual. Nuestra fe se verá fortalecida por el conocimiento de las Escrituras.

La Iglesia nos enseña que Dios se revela a través de las Escrituras y que usa a autores humanos para hacerlo. "Es preciso tener en cuenta las condiciones de tiempo, cultura de cada autor, así como los "géneros literarios" usados en cada época; las maneras de sentir, de hablar y de narrar en aquel tiempo"(110). Para lograr esto, debemos dedicarnos al estudio de esta materia.

Este es sólo uno de los principios de interpretación. Sin embargo debemos recordar que las Escrituras son la Palabra inspirada de Dios. Necesitamos pedir la ayuda del Espíritu Santo para poder entenderla. Esta inspiración no es meramente de tipo personal, sino que es la Tradición viva de la Iglesia. La interpretación de las Escrituras jamás podrá contradecir las verdades reveladas.

Los católicos deben acoger las Escrituras. No debemos temer "la ciencia bíblica", porque ésa es la ciencia de la cual depende el Magisterio de la Iglesia. Si nosotros leemos, oramos y estudiamos las Escrituras, entonces siempre estaremos listos para escuchar la inspiración del Espíritu Santo en nuestras vidas.

La interpretación de las Escrituras y el fundamentalismo
[115-119]

Hay pocas cosas que causen mayor división entre los cristianos que la interpretación de las Escrituras. Aquellos que se apegan al sentido literal de la Biblia se llaman fundamentalistas. En ocasiones los católicos pueden encontrarse en desventaja frente a los fundamentalistas, si desconocen las Escrituras.

También los católicos pueden ser "fundamentalistas" en algunas de sus interpretaciones de las Escrituras. Todo lo que las Escrituras contienen ha sido inspirado por Dios, pero no todo debe tomarse en el sentido literal. El autor norteamericano, Robert Frost, solía decir que esperaba con ansia que los críticos leyeran su trabajo para saber lo que él realmente había querido decir. Deseamos saber el significado de las Escrituras el cual, como el de la poesía, no se limita a las palabras.

El fundamentalismo es común en nuestra sociedad. Debemos evitar una interpretación fundamentalista de las Escritura. También debemos evitar la interpretación del dogma. La Iglesia ha declarado claramente el significado del dogma, y la manera como debemos interpretar las Escrituras. Debemos acudir al Magisterio de la Iglesia al encontrarnos con alguna duda.

La Biblia es un libro de oración
[131-133]

Durante muchos años, la Biblia fue el único libro de oración de la Iglesia. Los padres de la Iglesia la usaron para su meditación. Los primeros religiosos se retiraron al desierto acompañados de su Biblia al emprender su camino hacia la perfección.

La accesibilidad de las Escrituras dependía de la capacidad de leer de la gente. En la época moderna existe un alto nivel de alfabetización en casi todo el mundo. El Concilio alentó a todas las personas a que acudieran a las Escrituras para conocer a Jesucristo y alcanzar la santidad.

También podemos convertir la Biblia en nuestro libro de oración. Como muchos clérigos y religiosos, podemos usar los salmos en nuestra oración de alabanza, adoración y petición. También podemos usarla para la oración mental, la cual todos deberíamos tratar de practicar. Tenemos muchas colecciones de bellas oraciones que han sido escritas a lo largo de muchos años. Esto no debe ser una excusa para dejar de acudir a la Biblia para recibir inspiración al orar a Dios. Leer y pensar en lo que leemos es una oportunidad para que Dios se comunique con nosotros.

La liturgia y la celebración del culto

[1136-1209, 1322-1419]

Uno de los efectos visibles del Concilio Vaticano II es la renovación de la liturgia y la celebración del culto dentro de la Iglesia. La liturgia, la manera como ofrecemos culto a Dios, evoluciona frecuentemente dentro de la Iglesia. El culto de la Misa tiene una esencia básica— las Escrituras y la Eucaristía — y también un ritual que gira en torno a ellas. Algunas veces el ritual ha sido bastante sencillo, y otras cuando ha sido complejo. La liturgia esta íntimamente ligada a la cultura en la cual se celebra. El Concilio Vaticano II promovió la experimentación en la liturgia. Los Padres conciliares querían que los fieles católicos entendieran claramente y participaran en el culto de la Iglesia. Hoy día la liturgia de la Iglesia en los Estados Unidos es muy diferente a la que se celebraba antes del Concilio Vaticano II.

La celebración de la Misa

[1345-1355]

Nuestra celebración de la Misa aún incluye las Escrituras y la Eucaristía. Sin embargo, ahora existe una oportunidad para que las personas laicas ocupen distintos ministerios dentro de la Misa. El sacerdote, el guía en la oración, busca entre la comunidad a personas que asistan en las lecturas, que dirijan la música, que ayuden a distribuir la sagrada comunión cuando sea apropiado y otras tantas actividades que llevan a una mayor participación de la comunidad reunida en la celebración.

Hoy día la celebración de la Misa en los Estados Unidos es una experiencia muy bella en un ambiente de oración que sin embargo difiere de la belleza y del ambiente de oración de nuestras celebraciones anteriores al Vaticano II. Se ha hecho y aprobado una traducción nueva de las Escrituras para usarla durante la Misa. Esta traducción se ha incluido en un Leccionario, o libro de lecturas, que todos usan. Existen normas claras para la celebración de la Misa que la *Instrucción general del misal romano* ha dictado.

Una celebración decorosa de la Eucaristía consta de cuatro partes. La celebración comienza con los Ritos iniciales que incluyen todo lo que ocurre antes de las lecturas de la Misa. En esta parte tenemos la procesión de entrada en la cual el sacerdote y los ministros entran al santuario durante el canto de entrada. El celebrante venera el altar y saluda a la asamblea. Tenemos un Rito penitencial, que trae a la memoria la misericordia de Dios y que pide perdón por nuestros pecados. La aclamación "Señor, ten piedad", se usa durante el Rito penitencial o inmediatamente después. En días apropiados cantamos el Gloria y entonces unimos todas estas oraciones a la oración colecta, que da inicio a la Misa.

En esta parte de la Misa la comunidad, como con una voz, canta los himnos. Los fieles se preparan interiormente para lo que van a realizar, reconociendo sus pecados e implorando la misericordia de Dios. La comunidad que celebra, no solamente escucha la oración inicial, sino que se une a ella con sus oraciones.

La segunda parte es la Liturgia de la palabra. Aquí se proclama la palabra de Dios. Escuchamos y permitimos que la palabra eche raíz en nosotros. Nos unimos en el salmo responsorial entre las lecturas y, anticipando de manera activa la proclamación del evangelio, nos ponemos de pie. Escuchamos la homilía, tomada de la lectura para ese día, y la aplicamos a nuestra vida. Debido a que somos una comunidad, nos ponemos de pie para profesar nuestra fe y para orar fervorosamente por las necesidades del mundo, de nuestro país y por las propias.

A la Liturgia de la palabra le sigue la Liturgia de la Eucaristía, que es la tercera parte de la Misa. Jesús se hace presente bajo las formas del pan y el vino y tenemos la oportunidad de recibir a nuestro Señor en la sagrada Comunión. Unimos nuestras voces en los himnos cuando se llevan las ofrendas al altar y se preparan para ofrecerlas para el sacrificio. Durante la Plegaria eucarística escuchamos y respondemos en los momentos indicados, ya que en el transcurso de esta oración es que ocurre el gran milagro— el pan y el vino se convierten en el Cuerpo y la Sangre del Señor. Nos unimos en la recitación de la oración que el Señor nos enseñó y nos damos unos a otros el saludo de la paz. Nos acercamos al altar para recibir la sagrada Comunión, generalmente de pie, haciendo una reverencia al recibir a nuestro Señor.

La cuarta parte es el Rito de conclusión. Entonamos nuestros cantos y nos sentamos en silencio, contemplando la gran común-unión que tenemos con nuestro Señor. Oramos junto con el sacerdote en acción de gracias por lo que hemos recibido y, después de la despedida, nos vamos a vivir una vida de servicio fiel a Dios y a su pueblo

Los sacramentos
[1113-1114, 1210-1666]

La santa Misa no es el único rito sagrado o liturgia en la Iglesia. En el Concilio Vaticano II, los obispos también pidieron que se llevara a cabo una reforma de cómo celebramos los sacramentos. Los Padres conciliares querían que todos los fieles pudieran participar, con entendimiento, en la celebración de los sacramentos. Podemos agrupar los siete sacramentos en tres grupos principales: los sacramentos de iniciación, los sacramentos de curación y los sacramentos de vocación.

Los sacramentos de iniciación son: el bautismo, la confirmación y la Eucaristía. Estos son los sacramentos que los catecúmenos adultos, que nunca han sido bautizados, reciben al formar parte de la Iglesia. Esos nos inician en la vida cristiana. Para aquellos que han pertenecido a la Iglesia desde su infancia, la iniciación es gradual, y se lleva a cabo a lo largo de muchos años. En los Estados Unidos tenemos la costumbre de bautizar a los recién nacidos y, alrededor de los siete años, de celebrar la primera confesión o reconciliación, seguida de la primera Comunión. Finalmente, la confirmación completa la iniciación cuando el niño o la niña es mayor.

Los sacramentos de curación son la unción de los enfermos y la reconciliación o confesión. Actualmente la reconciliación le ofrece una oportunidad al católico de confesarse cara a cara, frente al sacerdote, o de hacerlo anónimamente, como se hacía anteriormente al Concilio Vaticano II. Hoy día la unción de los enfermos es un sacramento que los católicos pueden recibir al encontrarse necesitados de gracia y fortaleza debido a una enfermedad o a una edad avanzada. Anteriormente a la reforma iniciada por el Concilio Vaticano II, esta unción era usualmente recibida únicamente por aquellos fieles en peligro de muerte. Actualmente, se anima a cualquier persona que padezca una enfermedad grave o que se encuentre en edad avanzada, a recibir este sacramento.

Los sacramentos relacionados con la vocación personal son el matrimonio y el sacramento del orden. La vida religiosa es una de las vocaciones en la Iglesia, como también lo es la vida de soltero o soltera, y el bautismo es el único sacramento de iniciación para ambas. El matrimonio y el sacramento del orden enfatizan la importancia de estas dos vocaciones en la Iglesia— la vida matrimonial y el sacerdocio ministerial.

Los sacramentos ocupan un lugar principal en la vida de los católicos. Debemos recibir la sagrada comunión y la reconciliación a menudo. No debemos temer recibir el sacramento de la unción de los enfermos cuando lo necesitamos. Frecuentemente, los sacramentos nos brindan la gracia especial que necesitamos para hacer lo que debemos. Por ejemplo, el matrimonio y el sacramento del orden conllevan gracias especiales para ayudarnos a vivir como una persona casada, como diácono, sacerdote u obispo.

Existen sacramentos, el bautismo, la confirmación y el sacramento del orden, que únicamente pueden recibirse una sola vez, ya que tienen un efecto único que sólo puede ocurrir una vez. No es costumbre recibir el sacramento del matrimonio más de una vez, aunque es posible, por ejemplo, después de la muerte del cónyuge. La unción de los enfermos se recibe cuando uno se halla especialmente necesitado de salud y de gracia.

Los sacramentos que el católico recibe con mayor frecuencia son la sagrada comunión y la reconciliación. Es bueno celebrar este sacramento con regularidad. En este sacramento tenemos que examinar nuestras vidas para conocer nuestros pecados y aquellas áreas de nuestra vida en donde más necesitamos la ayuda de Dios. Podemos celebrar la reconciliación cada semana, cada mes o varias veces al año. La celebración frecuente de este sacramento nos ayuda a estar más conscientes de que necesitamos a Dios en nuestras vidas. La Iglesia nos pide que acudamos a la reconciliación por lo menos una vez al año si hemos cometido pecado grave. Sin embargo recibir este sacramento con frecuencia es de gran beneficio para nosotros.

Debemos procurar recibir la sagrada comunión cada vez que asistimos a la Misa. Hay ocasiones cuando podemos recibir la comunión más de una vez el mismo día. Por ejemplo, una persona podría asistir a la Misa diariamente y ese mismo día asistir a una confirmación. En esta situación, la persona puede recibir la comunión dos veces en un día. Este sacramento nos une al mismo Cristo. No hay otro sacramento que nos una a Jesús de la misma manera. Recibir frecuentemente la sagrada comunión nos ayuda a llevar una vida buena y a amar a Dios y a los demás.

El llamado al ministerio

[897-913]

Jesucristo vino a salvarnos. Esa fue su misión. Jesús comparte su misión con nosotros desde el momento de nuestro bautismo. La manera como vivimos nuestra vida y el servicio que le prestemos a la Iglesia son parte de la misión que Jesús comparte con nosotros. Los obispos de los Estados Unidos nos recuerdan que tenemos cuatro llamados. Se les conoce como los llamados a la santidad, a la misión, a la comunidad y al ministerio.

El ministerio para nosotros no es opcional. El servicio a los demás o a la Iglesia, que es lo que significa el ministerio, es una parte de lo que estamos llamados a hacer como católicos. Pero no todos tenemos el mismo ministerio. El Concilio Vaticano II les proporcionó a los laicos muchos ministerios o avenidas de prestar servicio. La Iglesia recalca la "importancia del testimonio de los laicos y de su servicio en la familia y en la vida profesional, social, política y cultural de la sociedad" (*Llamados y dotados para el tercer milenio*).

Hay algunas personas que son ministros en la Iglesia a tiempo completo. Muchos de estos ministros a tiempo completo están asociados con la liturgia en las parroquias. Los que trabajan para la Iglesia, como las secretarias, los directores de educación religiosa, los que trabajan para la diócesis y los catequistas, entre otros, le ofrecen un servicio al pueblo de Dios al desempeñar su trabajo. El realizar obras de misericordia, materiales o espirituales, también es un ministerio a favor de los demás.

Algunas maneras especiales de servir se les ofrecen a todos los miembros de la Iglesia. El ministerio de la música, el ministro extraordinario de la Eucaristía, el lector durante la Misa y el lectorado y acolitado están a la disposición de los laicos. El lector proclama la palabra de Dios durante la Misa y también la enseña. El acólito prepara el altar para el sacrificio de la Misa y ayuda al sacerdote en el altar. Parte de lo que contribuimos a nuestra parroquia es el servicio que prestamos, cuando podemos, en estos ministerios.

El ministerio no es sólo algo que le ofrecemos a Dios, sino que es también un camino de santificación. Debemos integrar el catolicismo a nuestras vidas diarias. Nuestra participación en estos ministerios nos ayuda a alcanzar nuestra propia santificación. El bautismo es nuestro llamado al ministerio. Pasaremos toda la vida respondiendo a ese llamado. Como han escrito los obispos norteamericanos, "Finalmente, hacemos un llamado urgente al laicado para que sea portador de la paz y justicia de Cristo al mundo, trabajando afanosamente para recuperar el interés nacional por el bien común" (*Llamados y dotados para el tercer milenio*).

Justicia social

[1928-1948]

"Los católicos están llamados por Dios a proteger la vida humana, promover la dignidad, defender a los pobres y buscar el bien común. Esta misión social de la Iglesia nos pertenece a todos. Es parte esencial de lo que significa ser creyente". Los obispos católicos de los Estados Unidos escribieron estas palabras en 1999, en su declaración titulada *Everyday Christianity: To Hunger and Thirst for Justice.* (Cristianismo para cada día: hambre y sed de justicia.)

Jesús siempre está del lado del pobre y del oprimido.

Predica entre los pobres y les ofrece esperanza. Nos invita a nosotros a responder a las necesidades de los pobres.

La división de nuestro mundo entre aquellos que poseen riqueza y los pobres parece ir en aumento. La Iglesia en el Concilio Vaticano II respondió a esta división haciendo un llamado a todos los católicos a ser portadores de justicia. No podemos permanecer inmóviles mientras nuestros hermanos y hermanas sufren explotación, mientras sus necesidades pasan inadvertidas y mientras mueren en genocidios.

El mundo entero tiene que hacerle frente a este problema. Pero los católicos tienen la obligación de denunciar la injusticia, ya sea personal o institucional. No debemos tan sólo hablar de la injusticia, sino que también debemos actuar. Si decidimos invertir en una compañía, debemos buscar entre aquéllas que no se aprovechan de sus empleados. Deben ser compañías con un sentido de ética por la vida. No podemos formar parte de la ambición desmedida que hoy día caracteriza a muchísimas empresas.

Los católicos tenemos que trabajar para eliminar el hambre, la enfermedad y las causas de la indigencia en nuestro país y alrededor del mundo. Somos responsables ante Dios de cómo utilizamos nuestros recursos y de exhortar a otros a que cumplan con su obligación de lograr un mundo más justo. Como católicos no debemos ser racistas, ni tampoco odiar a otras personas porque son diferentes. Esta no es tan sólo una postura personal, sino que también les exigimos a las instituciones sociales que examinen cómo contribuyen a que haya injusticia en el mundo y que entonces cambien su manera de actuar.

Los católicos estamos llamados a influir en los valores de la sociedad. La sociedad habla de ser prácticos y de vivir en el mundo real. El mundo real es el mundo de Dios. Es la creación del Padre. Tenemos que dar ejemplo de eso entre quienes conviven con nosotros y en todo lo que hacemos.

La formación para los adultos
[13,162,2088,2087]

Tenemos que continuar aprendiendo durante toda nuestra vida. Para saber lo que necesitamos saber y para vivir la vida que se supone que vivamos, tenemos que prepararnos constantemente. No podemos concluir nuestro estudio de la fe al dejar atrás la niñez. La educación religiosa de los niños y de los adolescentes es sólo un punto de partida. Tenemos que continuar nuestra formación a lo largo de nuestra vida adulta.

Como católicos adultos, deseamos que la nuestra sea también una fe adulta, una fe madura. Este tipo de fe conlleva responsabilidades que no se dejan a la puerta de la iglesia, sino que tocan cada aspecto de nuestra vida. Sin una fe madura y bien nutrida no podemos hacerles frente a las muchas responsabilidades que tenemos en la Iglesia de hoy.

Somos gente de fe y de razón. La una no se opone a la otra. Nuestro conocimiento nos ayuda a entender nuestra fe. Entre más sepamos acerca de Dios y de la doctrina de la Iglesia, más fuerte será nuestra fe. Si nos apartamos del conocimiento de nuestra fe, entonces tendremos muy poca fe y será inmadura. Queremos una fe saludable y vibrante y eso significa que debemos cultivarla hasta alcanzar la edad adulta. Si vamos a cumplir con nuestras responsabilidades como católicos y entender lo que la Iglesia nos dice en el Concilio Vaticano II, debemos pensar seriamente cómo vamos a alimentar nuestra fe.

Los obispos católicos de los Estados Unidos han creado un plan pastoral para la formación de adultos en la fe. Anima la formación de la fe, proporciona normas para la formación y nos da un plan para poder alcanzar esta formación. A lo largo del plan pastoral, el espíritu del Concilio Vaticano II es evidente. Los obispos notan que "Los adultos necesitan interrogar, comprobar, y reflexionar críticamente el significado que la revelación divina tiene en sus vidas para poder acercarse más a Dios. Una fe que busca conduce a una profunda conversión" (*Nuestros corazones ardían*, 52). El plan pastoral plantea tres objetivos principales para la formación en la fe que las parroquias y las personas se deben esforzar por alcanzar.

El primero es la conversión a Jesús y a una vida santa. Los adultos deben ser invitados a esta conversión y a la búsqueda de la santidad. Esta invitación se extiende a través de homilías, de predicaciones en las parroquias, de clases para adultos y de otros medios y se dan sugerencias para crecer en santidad. Los miembros de la comunidad son llamados a ayudarse mutuamente en este crecimiento en la santidad.

El segundo objetivo es una participación activa en la comunidad cristiana. La formación de fe de los adultos no se limita a alcanzar el conocimiento, sino que también es acción. Las organizaciones parroquiales existentes y las nuevas que vayan surgiendo según las necesidades, abrirán el camino que conduce a una participación activa. Los católicos son exhortados a dejar atrás la actitud de contentarse con cumplir los requisitos mínimos para llamarse católico, y a buscar maneras de participar en la vida de la comunidad cristiana.

El tercer objetivo es convertirse en discípulo de Jesús y participar de su misión en el mundo. Como católicos, tenemos la misión de compartir a Jesús con el mundo. La formación continua de los adultos esclarece este llamado y les ayuda a prepararse para cumplir esta misión. Somos llamados como ministros de la evangelización y de la justicia. Nuestra formación continua hace posible que ocupemos nuestro lugar como discípulos de Jesús.

Uno de los métodos que las parroquias usan para promover tanto la formación de los adultos como la evangelización es la formación de pequeñas comunidades. Pequeños grupos de católicos se reúnen para compartir su fe, y bajo un liderazgo capaz, continúan su formación como católicos adultos. El Papa Juan Pablo II ha llamado a estas comunidades una gran esperanza de la Iglesia siempre que éstas vivan en unidad con la Iglesia.

El Papa Juan Pablo II ha hecho notar que el sínodo de los obispos les pide a los líderes de la Iglesia local que fomenten la formación de pequeñas comunidades "donde los fieles pueden comunicarse mutuamente la Palabra de Dios y manifestarse en el recíproco servicio y en el amor; estas comunidades son verdaderas expresiones de la comunión eclesial y centros de evangelización, en comunión con sus Pastores" (*Christifideles Laici*, 26).

Debemos tomar seriamente las tareas de buscar y enriquecer nuestra fe. La fe es un don vivificante de Dios y nuestra responsabilidad es alimentar este don. Los obispos resaltan cinco maneras como podemos alimentar este don. Según ellos son: el conocer la revelación, tanto las Escrituras como la Tradición, a través de la lectura frecuente y de la lectura de los documentos de la Iglesia; involucrarnos en la vida y la misión de la Iglesia; orar; trabajar por la justicia, servir a los pobres y poner en práctica el amor a Dios y al prójimo.

Ciertamente éste es un proceso para toda la vida. Al incorporar este plan en nuestras vidas nos vemos involucrados en una importante discusión acerca de la fe y del lugar que Dios ocupa en nuestras vidas. Nosotros vivimos nuestra fe activamente al procurar que ésta crezca y que dé fruto en nosotros.

Evangelización

[904-914]

Conforme nosotros desarrollamos y vivimos nuestra fe, vamos comprendiendo nuestra necesidad y obligación de llevar las Buenas Nuevas de Jesucristo al mundo en donde vivimos. Apoyamos la obra de anunciar el evangelio con nuestros recursos y nuestra participación activa. El Papa Juan Pablo II ha escrito que en estos tiempos, posteriores al Concilio Vaticano II, nosotros, el pueblo de Dios, hemos tomado conciencia de una renovada infusión del Espíritu de Pentecostés en la Iglesia. Nosotros, que somos la Iglesia, somos enviados al mundo como mensajeros de buenas noticias (véase *Christifideles Laici*, 2).

En la misma exhortación apostólica, queda claro que el llamado a ser operarios de la viña (vean Mateo 13,38) es para todos los miembros de la Iglesia. No podemos pensar que la proclamación del evangelio sea responsabilidad exclusiva del clero y de los religiosos. Podemos participar en el anuncio de las Buenas Nuevas de muchas maneras. No es necesario que busquemos lugares remotos para encontrar la oportunidad de anunciar las Buenas Nuevas. La oportunidad puede encontrarse justo donde nos encontramos.

Propagamos las Buenas Nuevas

[4-10,821,905]

Básicamente, evangelizar es dar testimonio de nuestra fe con nuestra vida cristiana. Nuestras vidas son la proclamación de la presencia de Cristo en el mundo. Cuando actuamos de acuerdo a nuestras creencias, entonces nos comprometemos con el trabajo de evangelización. Se supone que la evangelización es el anuncio del mensaje de Jesús a quienes nunca lo han oído antes, la renovación del mensaje de Jesús entre los bautizados y el trabajo por la unidad entre los cristianos.

No existe un modo más efectivo de lograr estas tres cosas que vivir fielmente la vida que Jesús comparte con nosotros. La hipocresía es algo que siempre tenemos que evitar. Para lograrlo, debemos vivir de acuerdo a los principios que Jesús nos enseñó, a pesar de que los valores de nuestra sociedad sean diferentes. Entonces, nuestro estilo de vida se convierte en una proclamación clara de la palabra y del poder de Dios. Y es también fuente de aliento para todos los creyentes.

Con el fin de que nuestras vidas den un testimonio efectivo, debemos estar comprometidos en nuestra vida diaria. Continuamos involucrados activamente en la sociedad que tiene dimensiones profesionales, políticas y culturales. No sólo nos interesamos en los servicios religiosos de la Iglesia, sino también en servir a aquellos con quienes convivimos y trabajamos. Debemos vivir en la sociedad como fieles cristianos y no separados de ella. Como lo han dicho los obispos norteamericanos, debemos "conectar la celebración del domingo al trabajo del lunes"(véase *Cristianismo para todos los días: hambre y sed de justicia*).

Anunciar las Buenas Nuevas— el RICA

[1232,1233,1247-1249,1285]

Una manera como vemos la integración de los dos elementos de la evangelización es en el Rito de iniciación cristiana para adultos (RICA). En este proceso no sólo se les anuncia el evangelio a aquellos que no lo han escuchado antes, sino que se renueva el mensaje de Jesús entre los bautizados. El RICA es la manera común para que los nuevos miembros adultos de la comunidad cristiana se unan a la Iglesia.

En algunos casos, este proceso de iniciación instruye a aquellos que no son cristianos, conduciéndolos al sacramento del bautismo. En otros casos, los cristianos de otras iglesias desean ser miembros de la Iglesia católica. Para ellos la instrucción es una renovación del mensaje de Jesús que les lleva a profesar la fe católica.

Existen muchas formas de involucrarse en este proceso de evangelización. Una persona podría buscar a aquellos que muestren interés o curiosidad acerca del catolicismo. Puede que estas personas no tengan una comunidad de creyentes, pero saben que necesitan una. Es posible que sólo estén esperando por una invitación. Puede ser que otra persona forme parte del equipo de instrucción en este proceso. Es posible que otras personas se ofrezcan como voluntarios para compartir la historia de su fe en Dios o para ser padrinos de los participantes del RICA.

El Rito de iniciación cristiana de adultos es un proceso gradual que ocurre a lo largo de varios meses, y en algunos casos años. La primera parte de este proceso involucra a los catequistas (instructores), a miembros de la comunidad católica y a personas en busca de información que se van conociendo poco a poco. Esta es la etapa de hacer preguntas, de buscar respuestas y de compartir las historias de fe.

Puede ser que algunas personas en busca de información no pasen de esta primera etapa. Sin embargo, los que perseveren pueden llegar a ser catecúmenos (personas que están aprendiendo acerca de la Iglesia). Para esta etapa, los catecúmenos reciben un padrino, que los acompañará durante todo el proceso de instrucción. El padrino es un testigo personal de la fe para el catecúmeno. Los padrinos también participan con los catecúmenos en la vida litúrgica de la Iglesia.

Aquellos que llegan a la tercera etapa hacen un compromiso público de ingreso a la Iglesia. En ceremonias públicas, declaran su intención de ser parte de los elegidos— aquellos escogidos para ser miembros de la Iglesia. Durante el Adviento, son presentados a la comunidad para realizar su profesión de fe y son examinados acerca de sus creencias y acerca de sus intenciones. Esta etapa termina con la vigilia de la Pascua el Sábado Santo cuando los escogidos se convierten en miembros de la Iglesia ya sea a través del bautismo o al hacer la profesión de fe. Aquellos que son bautizados también reciben el sacramento de la confirmación y de la Eucaristía.

Los tres sacramentos de iniciación se celebran en este momento.

La etapa final del RICA invita a los nuevos católicos a que se involucren en el ministerio de la parroquia. Continúan su instrucción en la fe mientras se van incorporando plenamente a la comunidad.

La unidad entre los creyentes

[816, 830]

El tercer elemento básico de la evangelización es trabajar por la unidad entre los creyentes. Sólo podemos alcanzar la unidad cuando hay respeto mutuo y comprensión. El Concilio Vaticano II escribió acerca del ecumenismo y lo promovió.

Las personas en el mundo de hoy dan muchas respuestas diferentes desde el punto de la fe. A través de los años el cristianismo se ha dividido a causa de muchas controversias. Algunas de estas divisiones han calado profundamente y han durado siglos. No podemos sanar el cuerpo fracturado de Cristo peleando unos con otros. Los católicos son exhortados a acercarse a otras expresiones de fe, aunque estas expresiones de fe difieran de las propias.

Honramos el hecho de que la gente cree en Dios, especialmente otros cristianos. Nos cercioramos de que nuestras creencias sean firmes y tratamos de comprender lo que otros creen. La Iglesia nos pide a todos que tratemos a otros con respeto, sin importar lo que crean. Puede ser que no estemos de acuerdo con ellos pero también son hijos de Dios y poseen la misma dignidad que nosotros.

Si establecemos una relación amistosa con otros creyentes podremos conversar acerca de nuestras creencias diferentes. No deseamos ahuyentar a la gente, sino invitarla a la Iglesia, principalmente con el ejemplo de nuestras vidas. Los líderes de la Iglesia, comenzando con el Papa, están trabajando duramente por conseguir la unidad entre los cristianos. Como fieles católicos, en el Espíritu del Concilio Vaticano II, es necesario que hagamos de nuestra parte.

En el espíritu del Concilio

"A ese Concilio el Papa Juan XXIII había asignado como tarea principal custodiar y explicar mejor el precioso depósito de la doctrina católica, para hacerlo más accesible a los fieles y a todos los hombres de buena voluntad. Por consiguiente, el Concilio no tenía como misión primaria condenar los errores de la época, sino que debía ante todo esforzarse serenamente por mostrar la fuerza y la belleza de la doctrina de la fe. 'Iluminada por la luz de este Concilio', decía el Papa, 'la Iglesia crecerá con riquezas espirituales y, sacando de él nueva energía y nuevas fuerzas, mirará intrépida al futuro... A nosotros nos corresponde dedicarnos con empeño, y sin temor, a la obra que exige nuestra época, prosiguiendo así por el camino que la Iglesia ha recorrido desde hace casi veinte siglos'" (*Fidei Depositum*, Juan Pablo II). El Concilio Vaticano II le ha dado una guía a la Iglesia en la era moderna. Esta guía llama a todos, laicos y clérigos por igual, a ocupar su lugar en la gran tarea de la Iglesia. Vivir en el espíritu del Concilio Vaticano II es vivir fielmente nuestras vidas católicas. La fidelidad incluye educarnos a nosotros mismos para que podamos escoger, intencionalmente, la fe que Jesús enseñó y nos ha transmitido a través de su cuerpo, la Iglesia. Nosotros somos el pueblo de Dios. Estamos llamados a vivir en esa dignidad. Nuestra fe proviene del mismo Jesús. El mensaje de Jesús es pertinente en cada época y cultura. En nuestra propia época debemos permitir que el brillo de nuestra fe resplandezca en todo lo que hacemos y en todo lo que somos.